COMMENT

LA RÉPUBLIQUE

EST POSSIBLE.

Paris. — Imprimerie Bonaventure et Ducessois, 55, quai des Augustins.

COMMENT

LA

RÉPUBLIQUE

EST POSSIBLE

PAR

C. DE JOCAS.

PARIS,

L. MAISON, LIBRAIRE-ÉDITEUR,

3, rue Christine.

—

Décembre 1849.

COMMENT

LA RÉPUBLIQUE

EST POSSIBLE.

I

Nous écrivions dans un journal, il y a quelques années :

« Il en est des vieilles nations comme des vieux édifices. Il arrive toujours un moment où il devient nécessaire, pour éviter une catastrophe, de
reprendre le monument en sous-œuvre, et de refaire des fondations ébranlées par des commotions successives, ou rongées par les eaux délétères qui ont
trop longtemps croupi à leur base. Tout n'est pas à renouveler alors, mais
tout est à retoucher. Or, nous croyons que la société, en France, est arrivée
à une de ces époques critiques. Le monument n'a encore rien perdu sans
doute de sa merveilleuse beauté; il semble posséder encore toutes les conditions de solidité, de longévité, de force; et la civilisation la plus avancée,
la plus riche, la plus étonnante, resplendit comme une illumination magni-
fique à toutes ses ouvertures; mais la corruption des mœurs, et surtout des
croyances, salpêtre ardent et tenace, mord et émiette ses fondements; d'innombrables blessures, vainement recouvertes de lames dorées, crevassent
ses murs; et le désordre le plus complet, la confusion la plus étrange, rè-
gnent à tous ses étages. Ne cherchons donc pas à nous leurrer d'une folle
espérance. Si bientôt quelque main hardie jusqu'à la témérité, forte jusqu'à

la toute-puissance, ne s'empare en quelque sorte du monument pour le rasseoir de force, et lui rendre, même en dépit de ses résistances, son équilibre et son harmonie, la chute de l'édifice est inévitable ; et ses ruines, emportées par un de ces vents terribles et inconnus qui semblent se lever périodiquement sur notre globe tous les dix ou quinze siècles, iront rejoindre la poussière introuvable des empires fameux qui ne sont plus.

« Gardons-nous toutefois d'employer à cette réparation dangereuse mais nécessaire des matériaux nouveaux. N'y consacrons que des matériaux neufs. La pierre, le marbre, le granit ne se remplacent pas ; pas plus que les principes immortels de la propriété, de la famille, de la divinité. »

———

Nous disions dans une autre circonstance, toujours bien avant la révolution de Février :

« L'échelle sociale est ainsi faite qu'il faut, pour qu'elle puisse rester longtemps debout au milieu des ébranlements qui se font autour d'elle, que ses degrés inférieurs soient occupés par un beaucoup plus grand nombre d'individus que ses degrés élevés. Or, l'éducation actuelle a agi précisément en sens inverse de cette loi d'équilibre. Elle a constamment poussé, si nous pouvons nous exprimer de la sorte, à l'envahissement des degrés supérieurs ; et maintenant l'échelle sociale menace ruine parce qu'il y a encombrement à son sommet.

. . . .

« Il est fort bien sans doute de faire pénétrer l'instruction jusque dans les couches les plus infimes de la société ; mais si cette *instruction* n'est pas précédée par *l'éducation*, elle tourne en lie, en venin, et mieux vaut alors, 1 faut avoir le courage de dire aux peuples comme aux rois la vérité, et mieux vaut alors l'ignorance, l'obscurantisme ; car c'est faire de l'homme une bête féroce que de l'instruire de ses *droits* sans lui enseigner ses *devoirs*.

« Quel but d'ailleurs doit se proposer l'instruction publique en se répandant ainsi sur les masses ? Je n'en vois qu'un : améliorer les conditions d'existence de chaque individu, en le moralisant et le polissant d'abord, en lui donnant ensuite les moyens de rendre plus aisée, plus douce, mieux assurée, je dirais volontiers plus poétique, la condition dans laquelle il est né, et où il faut, autant que possible, le maintenir. Au lieu de cette amélioration si désirable, qu'obtient-on, et qu'a-t-on encouragé ? un déclassement continuel qui doit tôt ou tard se traduire en un état révolutionnaire normal :

il est impossible que tel ne soit pas le résultat d'un système d'instruction populaire qui devrait être entièrement civilisateur et professionnel, et qui est exclusivement littéraire et politique.

. . . .

« Pourquoi, du reste, cet appel incessant à toutes les capacités, à toutes les ambitions ? Vous en êtes donc encore à penser que les empires tombent faute d'hommes de génie ou de talents supérieurs pour les soutenir ? L'erreur est des plus grossières. Les nations ne s'éteignent que lorsque la moralité, l'honnêteté, les croyances se retirent d'elles. Un peuple de trente-cinq millions d'âmes n'a pas besoin d'excitations perpétuelles pour produire le nombre de grands hommes nécessaire à sa direction et à sa gloire. Les grands citoyens fondent les nationalités, c'est vrai ; mais ce sont les bons citoyens qui les conservent : la nationalité française est depuis longtemps fondée. »

Une autre fois, au sein d'un congrès agricole, réuni à Paris, nous émettions les observations suivantes, qu'on voulut bien accueillir par d'évidentes marques de sympathie :

« Le premier devoir des gouvernements, lorsqu'ils prennent en mains les affaires d'un pays, serait de rechercher tout d'abord, avec la plus scrupuleuse attention, quel est le caractère constitutif, le tempérament, la nature de ce pays ; quels sont ses goûts, ses instincts, ses aptitudes ; ses meilleures conditions de production ou de richesse ; sa principale force d'expansion ou d'agrandissement ; puis, cette étude terminée, de toujours gouverner, de toujours agir dans cette pensée, dans ce but : maintenir ce caractère, le fortifier, le développer ; lui donner de l'air, de l'espace ; lui frayer des voies faciles et sûres, et lui sacrifier courageusement, au besoin, tous autres intérêts rivaux.

« C'est ce qu'a fait le gouvernement britannique. Il a compris que l'Angleterre devait être, par sa situation géographique et par le génie créateur de ses habitants, un peuple essentiellement manufacturier et commercial ; et il a ouvert à ses navires toutes les voies de la mer, tous les ports, toutes les issues du monde ; cherchant et trouvant partout d'immenses débouchés à ses produits, et se créant ainsi cent vingt millions de sujets et près d'un demi-milliard de consommateurs.

« C'est ce qu'ont fait les gouvernements de l'Autriche, de la Prusse, de la Belgique, et de presque tous les Etats de l'Allemagne. Ils ont compris que ces nations devaient être, dans les conditions que la nature et les révolutions leur ont faites, des pays essentiellement agricoles ; et ils ont constamment, systématiquement subordonné aux grands intérêts de l'agriculture les intérêts secondaires du commerce et de l'industrie manufacturière.

« Mais c'est ce que n'ont pas fait, c'est ce que malheureusement n'ont jamais songé à faire en France les divers gouvernements qui s'y sont succédé. Ils n'ont point recherché, ils semblent même n'avoir jamais seulement aperçu ce caractère constitutif, endémique, qu'à l'exception de Sully, ils ont tous contrarié et amoindri, bien loin de l'exciter et de le développer ; et de là, cette infériorité relative, en tant de points, dont la France a sans cesse à rougir devant les autres nations.

« Vous n'avez donc jamais étendu vos regards sur ce pays, ô vous qui le gouvernez ? Est-il cependant en Europe, dans le monde, une nation qui mérite aussi bien le titre de nation agricole ? En est-il une qui, par l'abondance, la variété, et surtout la qualité des produits de son sol, puisse atteindre, sous l'impulsion d'une administration habile, c'est-à-dire parfaitement appropriée à sa nature et à son caractère, à un aussi haut degré de prospérité, de richesse, de force ; se moralisant ainsi par son bien-être, et donnant à l'ordre social la plus solide et la plus complète des sécurités ? Regardez, regardez donc enfin, contemplez ces belles provinces que vous devriez avoir visitées et connaître, comme tout propriétaire, tout fermier connaît le domaine qu'il administre. Aucune autre nation saurait-elle ainsi se suffire à elle-même, se rassasier et s'enrichir de ses seules productions ? Voyez : au nord, les plantes oléagineuses et les racines les plus précieuses ; à l'est, les forêts et la vigne ; au midi, l'olivier, la garance, la soie ; à l'ouest, les plantes textiles et les pâturages ; sur tous ses coteaux, les vins et les fruits les plus exquis ; dans toutes ses plaines, les moissons les plus serrées ; dans ses vallées, les prairies les plus luxuriantes ; et surtout, aux bords de ses fleuves enchantés et de ses cours d'eau innombrables, cette riche, cette incomparable horticulture à laquelle vingt-quatre millions de cultivateurs doivent les trois quarts de leur subsistance.

« Oui, vous avez été deux fois aveugles : vous n'avez pas vu que la France est une nation essentiellement agricole ; vous n'avez pas vu, en outre, et vous ne tarderez pas à en porter la peine—je ne crains pas de vous le prédire—qu'il était dans l'intérêt de sa prospérité, de sa grandeur, de sa tranquillité, ET PRINCIPALEMENT DANS L'INTÉRÊT DE VOTRE PROPRE CONSERVATION, comme gouvernement, comme tête et boulevard de la société, de lui maintenir ce caractère, et de lui assurer systématiquement, énergiquement, en tout et toujours, une inexpugnable suprématie. »

Nous écrivions il y a quelques mois :

« On se fait dans ce pays-ci, du moins depuis l'introduction du régime parlementaire, une assez bizarre idée de la science gouvernementale. On semble y croire qu'elle consiste principalement à débiter de sonores et splendides discours ; à impressionner vivement les assemblées et la foule ; à se draper dans de majestueuses et imposantes réticences ; à jeter de temps à autre de ronflantes bravades aux peuples étrangers ; à surcharger le sol de monuments superbes parfaitement inutiles, à compliquer sans cesse les rouages administratifs afin de les faire croire plus savants ; à parader, à étaler, à éblouir, à lancer des regards olympiens, à étendre et arrondir magnifiquement le bras comme pour ramasser le monde ; en un mot, à faire de la politique une chose théâtrale, c'est-à-dire à exprimer très-pompeusement des idées très-ordinaires, et à exécuter très-grandement des choses très-petites.

« Je n'ai pas besoin de nommer les fondateurs de cette nouvelle école, qui n'a fait, hélas ! que trop d'écoliers. Maîtres et élèves sont assez connus. Ils ont voulu faire, non de la politique, mais du drame ; et la situation où ils ont placé la France est en effet des plus dramatiques ; qu'il me suffise de conjurer mon pays de renoncer enfin à une erreur aussi singulière, et surtout d'imposer à ses gouvernants d'autres croyances et une autre conduite. Qu'il se le persuade bien, en effet : la politique n'est point une science nuageuse et sidérale ; elle est, Dieu merci ! beaucoup plus à la portée humaine ; la science du gouvernement des peuples est une science de faits et de bon sens, de pratique ou d'affaires, simple, triviale même, *terre à terre*, comme la science du gouvernement de sa maison, de sa fortune, de sa famille ; c'est la science que Henri IV, avec ce génie naïf qui le recommande, avait si bien comprise ; son fameux mot de *la poule au pot* est, à mon sens, un mot sublime ; et je ne trouve rien qui mérite de lui être comparé dans vos discours si brillants et si vides, ô messieurs de la politique sonore et creuse ! vous aurez beau fasciner, par l'effet étudié de vos regards, ou ravir, par les roulements majestueux de votre parole, des assemblées par trop complaisantes, vous ne ferez jamais que le meilleur des gouvernements possibles ne soit pas celui qui demande le moins aux gouvernés, et leur donne le plus. »

Enfin nous disions :

« Nous avons pour le *droit de propriété* trop de respect, nous dirions volontiers trop d'amour, pour ne pas nous croire autorisé à reconnaître et à
proclamer avec toute l'énergie d'une conviction réfléchie et chrétienne la
légitimité et la sainteté du *droit au travail*. Ces deux droits sont inhérents
et parallèles. Ils se soutiennent et se fortifient réciproquement ; ils se légi-
timent même l'un par l'autre ; car si le travail n'est pas un droit, la propriété est un abus ; et la propriété, d'autre part, est surtout un droit parce
qu'elle a pour principe le travail. Dieu, d'ailleurs, en créant l'homme, lui
donne le droit de vivre ; il lui en impose même l'obligation, puisqu'il lui
défend le suicide. Or, pour subvenir à son existence, l'homme n'a que
trois moyens : la propriété, le travail, l'aumône. Si le premier de ces moyens
lui fait défaut, il est donc de toute justice qu'il puisse invoquer le second ;
quant à l'aumône, ceux-là seuls doivent en bénéficier, qui sont accablés par
les ans, les infirmités ou la maladie ; mais, à proprement parler, elle ne
peut être considérée comme un moyen d'existence, en France du moins,
chez le peuple le plus fier, et, il faut le reconnaître, le plus justement fier
de la terre.

« Est-ce à dire que le droit au travail doive être entendu de cette façon
que l'État soit tenu de procurer de l'ouvrage à tout homme qui vient lui en
demander, et cela aux conditions plus ou moins avantageuses dont cet
homme a jusqu'alors joui ? Assurément non. Mais, comme nous le démon-
trerons bientôt, l'État peut parfaitement admettre ce droit, sans qu'il en
résulte pour lui le moindre péril. Que de ressources ne possède-t-il pas ?
N'a-t-il pas, en quelque sorte, les mains pleines de travail, comme la charité
les a pleines d'aumône ? Nous ne voulons en effet créer au gouvernement
aucun embarras nouveau ; et de même que nous aimons à flétrir la monstrueuse définition donnée par les légistes du droit de propriété, si singulièrement nommé par ces adversaires-nés de tout bon sens et de toute vérité
le *droit d'user* ET D'ABUSER, de même aussi nous n'hésitons pas à déclarer
aux prolétaires que la reconnaissance par l'État du droit au travail ne doit
leur en permettre que l'usage, et jamais l'abus [1]. »

---

[1] Entendu de cette sorte, on le voit, le *droit au travail* n'a rien d'effrayant.
Nous nous proposons, du reste, de traiter à fond, dans un écrit spécial, cette
question beaucoup moins grosse qu'on ne le croit. Il est évident que le *droit au
travail* ne peut être qu'un droit relatif ; et que là où il cesserait d'être applicable, il
cesserait aussi d'être légitime. En résumé, le *droit au travail*, compris comme il

Je dirai tout à l'heure pourquoi j'ai cru devoir donner place ici à ces quelques citations. Je me hâte d'entrer en matière.

II

La France n'est certainement pas républicaine. Est-ce à dire qu'elle ne puisse le devenir ? Loin de le prétendre, je crois et, dans la prévision de nouveaux sinistres, je désirerais même le contraire ; je suis convaincu toutefois que cette transformation ne pourra s'opérer sans l'aplanissement de difficultés à peu près insurmontables ; sans d'immenses sacrifices ; sans des réformes presque irréalisables ; c'est-à-dire, on le voit, sans le concours ou l'intervention de véritables prodiges ; n'importe, je tiens, je le répète, cette transformation pour possible : j'ai toujours cru aux miracles.

Essayons d'abord de démontrer que la France n'est pas républicaine, nombre d'esprits, même sérieux, se figurant qu'elle doit l'être par cela seul qu'elle est en république.

Cette constatation préalable est d'une singulière importance. En politique comme en thérapeutique, il est de toute nécessité de connaître parfaitement sa nature, son tempérament. Il y va de la guérison, si le corps est malade ; du maintien de la santé ou de la prolongation de la vie, si le corps est sain.

Il me semble d'ailleurs qu'on ne peut avoir adopté sans intention ces expressions : Régime monarchique, régime républicain, régime constitutionnel, etc. On a voulu dire sans doute que le régime doit dépendre du tempérament ; je me permets d'en conclure qu'une nation qui aurait le tempérament républicain marcherait à sa ruine en suivant le régime monarchique ; et, réciproquement, qu'un peuple à tempérament monarchique commettrait un véritable suicide en adoptant sans modification le régime républicain.

Et qu'on ne considère pas comme inutile l'étude, fort sommaire du reste, que je me propose de faire ici. Tous les malheurs de notre pays ne lui viendraient-ils pas de la négligence inexplicable qu'il a mise jusqu'à ce jour à étudier attentivement et d'une manière complète ce qu'il est, et par conséquent ce qui lui convient ? C'est là une pensée à laquelle on ne s'est pas

doit l'être, n'est que le droit à l'assistance ou à l'aumône, mais avec un caractère et sous un nom plus honorables ; il y a des siècles, du reste, qu'on a dit, et avec raison, que l'aumône la plus intelligente et la plus morale, c'est celle du travail.

assez arrêté peut-être ; et, en y prenant garde, il est impossible de comprendre qu'aucun gouvernement en France n'ait encore songé à faire cet examen, bien digne cependant d'être mis à l'étude.

Et d'abord pourquoi la France serait-elle républicaine? La monarchie représentative (je ne la considère ici que comme institution et sous un point de vue général) était-elle par elle-même incapable de satisfaire nos besoins ? Ne nous laissait-elle pas d'assez grandes, d'assez nombreuses libertés? Avait-elle aboli l'égalité devant la loi et devant l'impôt? Sauvegardait-elle si mal nos intérêts, compromettait-elle si fort notre existence et notre fortune; nous avait-elle réduits, en un mot, à un tel état d'anéantissement et de misère, qu'il ne nous restât plus en effet qu'un seul moyen de salut : renverser la royauté, et lui substituer la république?

Certes! je comprends l'explosion, mais après la pression. Je comprends la réaction, mais après l'abus. Ainsi je m'explique 89, mais je ne puis m'expliquer 1848, pas plus que je ne m'explique 1830 : je soutiens, en effet, que l'explosion et la réaction ne peuvent, ne doivent s'opérer qu'alors que la pression et l'abus sont vraiment insupportables : il faut un peu de légitimité à toutes choses, même aux révolutions.

Or, si la monarchie constitutionnelle suffisait ou pouvait suffire à donner à la France cette somme de liberté et de bien-être au delà de laquelle il n'est que périls ou chimères, comment, sous cette monarchie, la France pouvait-elle être républicaine ? Et si elle ne l'était pas le 24 Février, ainsi que l'ont ingénument avoué les quelques hommes qui ont alors décrété la république, comment le serait-elle devenue depuis? Je n'imagine pas que les circulaires Favre et Georges Sand, non plus que les étranges missionnaires chargés par M. Ledru-Rollin de *républicaniser* la France et *d'y faire fleurir* (textuel) *les vertus républicaines*, non plus que l'extrême aggravation des impôts, les *dépenses* non encore justifiées du Gouvernement provisoire, les journées de Mai et de Juin, la ruine des particuliers et de l'Etat, le désordre et le dévergondage des idées, la propagation des doctrines les plus sauvages et les plus niaises, la perspective d'une banqueroute inévitable, l'incertitude ou plutôt la trop réelle certitude de notre avenir, etc., etc., aient pu, malgré ce que j'appellerai la circonstance atténuante du Dix Décembre, convertir en quelques mois trente-cinq millions d'hommes à une forme de gouvernement dont cent cinquante environ seulement — et des plus minces — étaient partisans avant la révolution de 1848.

Assurément je ne me risquerai pas à prétendre que le gouvernement de Louis-Philippe fut un gouvernement modèle. Quatre reproches fort graves lui ont été justement adressés : son peu d'indépendance à l'extérieur ; la détestable direction donnée à l'instruction publique et par suite à l'esprit national ; la corruption électorale et parlementaire ; l'énormité et l'affectation vicieuse des dépenses publiques : quatre points qui demandaient certainement une réforme complète. Mais de ce que la monarchie représentative a pu produire, si l'on peut ainsi parler, un ou deux monarques imparfaits, détestables même si l'on veut, s'ensuit-il que la monarchie représentative soit une mauvaise forme de gouvernement ? Autant vaudrait dire que la religion chrétienne est une religion absurde parce qu'elle a quelquefois d'indignes ministres.

Évidemment la monarchie représentative — je crois devoir émettre ces quelques observations afin qu'on ne s'imagine pas que ce régime n'est plus possible en France par cela seul qu'il y a deux fois succombé — évidemment, dis-je, la monarchie représentative, pour être une bonne forme de gouvernement, doit être avant tout et réellement représentative. Or, si la monarchie de Louis-Philippe a été répréhensible et a succombé, c'est qu'elle n'était représentative que de nom. Incontestablement la représentation nationale avait été faussée, sous le dernier règne, par les *influences* électorales et surtout parlementaires ; elle n'était que fictive, il faut le reconnaître, et l'erreur la plus incompréhensible, la plus grossière de ce roi, a été de la vouloir et de contribuer à la rendre telle, pensant qu'il avait à le faire le même intérêt que ses ministres, quand son intérêt, sous ce rapport si grave, différait complétement du leur au contraire.

En effet, naturellement amovibles, relevant bien plus du roi et de la majorité que de la nation, et désireux cependant de se maintenir au pouvoir, les ministres ont intérêt, lorsqu'ils sont en désaccord avec l'opinion du pays, à corrompre, à *influencer* les élections d'abord, les députés ensuite, pour se composer dans la Chambre une majorité qui fasse illusion au monarque et les soutienne quand même.

Tandis que l'intérêt du roi, inamovible en vertu de la Constitution, et ne relevant que du pays, est de connaître dans toute leur plénitude la pensée et la volonté de la nation et de les laisser par conséquent se produire en toute liberté afin d'en avoir ainsi auprès de soi la représentation exacte et réelle, et de pouvoir gouverner, c'est-à-dire choisir ses ministres (c'est à peu près là toute la part qu'un roi constitutionnel doit prendre au gouvernement), d'après les vœux et conformément aux indications du pays.

Car des ministres peuvent vouloir gouverner contrairement aux idées d'une nation ; un roi jamais. Ces idées fussent-elles erronées. Il lui faut louvoyer, dans ce cas, et non s'obstiner à marcher contre vents et marée ;

il doit — en y aidant s'il est habile — attendre que le vent soit tombé; l'erreur et la passion tombent toujours.

Mais faire cause commune avec ses ministres contre la nation, et se laisser tromper par eux en les y encourageant même, l'aveuglement était par trop grand.

« Si j'étais roi constitutionnel, ai-je entendu dire à M. de Talleyrand, « je considérerais comme mon plus grand ennemi celui de mes mi- « nistres qui chercherait à fausser, soit dans les élections, soit dans la « Chambre, la représentation nationale; et à la première tentative de ce « genre, je m'empresserais de le casser aux gages, en regrettant de ne pas « être roi absolu pour pouvoir l'enfermer à la Bastille. »

Au fait, ce n'est pas par la nation, c'est par le roi, que devrait être puni, sous une monarchie représentative, un ministère ayant recours aux *influences* électorales.

Qu'on ne dise donc pas, pour en inférer aussitôt que la France est républicaine, que la monarchie représentative n'a pu prendre racine sur notre sol. Je le répète, la monarchie de Louis-Philippe n'était pas représentative. J'ai tenu à le démontrer afin qu'on ne tirât pas de sa chute une conclusion erronée; il eût été facile à ce roi cependant de rendre cette monarchie telle, et certainement s'il l'eût fait, il n'eût point été précipité de son trône.

Mais, dira-t-on, si elle n'est pas républicaine *politiquement*, la France l'est *moralement*, instinctivement, par sa nature, ses mœurs, ses goûts, ses idées. Qu'on me permette ici encore de m'inscrire en faux. Les biens qui sont censés — je ne sais en vérité pourquoi — composer l'apanage spécial, l'apport nécessaire du gouvernement républicain : la liberté, l'égalité, le gouvernement du pays par le pays, biens dont la France est à bon droit jalouse, la monarchie véritablement représentative peut nous les donner et nous les garantir aussi bien, et même mieux que la République. Ce n'est donc pas par amour pour ces avantages que nous pouvons être républicains. D'autant que ces biens, quelque excellents qu'ils soient, la France, non-obstant le dire de ses agitateurs patentés, nécessairement tenus d'exagérer toujours, ne les aime, en résumé, que modérément. Elle veut bien, en effet, de toutes les libertés nécessaires ou utiles à sa dignité, à son bien-être, à son développement moral et matériel; mais elle repousse les libertés dangereuses et n'a aucun goût pour les libertés inutiles. L'autorité forte, énergique, exagérée même, est loin de lui déplaire pourvu qu'elle soit en des mains habiles et honorables. Il n'est peut-être pas de pays où le pouvoir, dans ces conditions, soit plus populaire qu'en France. Comme ces estomacs qui ont l'instinct infaillible de ce qui leur convient, nous aimons, nous recherchons ce pouvoir tonique, ferme, quelque peu raide, comprenant apparemment qu'il nous est nécessaire. Mais l'autorité faible, timide, invisible et insentie, nous la méprisons ; que dis-je ! nous la redoutons : elle nous effraie. Le peuple français est comme l'aigle : il aime à regarder, à voir en face le soleil, et ce n'est, pour ainsi dire, que dans ses rayons qu'il rencontre son atmosphère, et sent sa vigueur et sa vie.

Prétendrait-on, assez niaisement du reste, que la France ne veut plus être la propriété d'un seul homme, ou d'une famille ? Mais cela pourrait tout au plus se dire sous une monarchie absolue et de bon plaisir. Quant aux rois constitutionnels, ce sont eux, bien au contraire, qui appartiennent à la nation, qui en relèvent, qui en dépendent : on le leur a bien fait voir.

Comme part de chacun au gouvernement, le suffrage universel suffit aux plus exigeants, et il serait beaucoup moins dangereux sous la Monarchie que sous la République.

De même enfin, en fait d'égalité, la seule que le pays apprécie et tienne à conserver, c'est l'égalité devant la loi. Mais il a trop de bon sens pour croire, comme y croyait le Gouvernement provisoire, — voir les *circulaires Carnot* — à l'égalité sociale, cette monstrueuse impossibilité. Et non-seulement il ne veut pas de cette égalité, mais il la repousse, il la déteste, il cherche constamment à s'y soustraire comme à une honte. Il n'est personne aujourd'hui en France, en effet, y compris le plus ignorant de nos instituteurs de village ou le plus inhabile de nos savetiers, qui ne tente de s'élever d'un ou de plusieurs degrés sur l'échelle sociale.

Nous courons tous, grands et petits, capables et incapables — incapables surtout — après les hautes positions, les honneurs, la fortune, les grandes fonctions.

L'ambition est notre passion dominante, et elle est précisément la négation de l'amour de l'égalité.

L'orgueil est notre vice endémique, et il est le contre-pied de cette vertu démocratique.

L'amour de l'égalité implique ou sous-entend l'amour de la simplicité ou le contentement de peu ; la bienveillance pour les positions inférieures ; la modestie qui nous fait préférer une condition obscure et humble à une existence brillante et pleine de bruits : or ce n'est pas là, ce me semble, le fond de notre caractère ou de notre esprit.

Peuple d'enfants et d'écoliers, nous n'admirons même et n'estimons que ce qui est au-dessus de nous, malgré la haine et la jalousie que nous en

avons. Car nous détestons les supériorités, et cependant nous les recherchons. Nous voudrions bien — qu'on me pardonne ce mauvais jeu de mots
qui rend toute ma pensée — nous *voudrions* bien n'en plus *vouloir*, et
pourtant, quelles qu'elles soient, nous les accueillons toujours avec empressement, nous nous précipitons au-devant d'elles. Ainsi la France a
aboli la noblesse, et elle n'estime rien tant que les grands noms et les anciennes familles ; elle a supprimé les titres, et tout plébéien qui s'y enrichit
ou s'y élève n'a rien de plus pressé que de se faire appeler comte ou baron.
Nous désirons la richesse, ce n'est pas pour en jouir, c'est pour l'étaler. Nous sommes heureux de fréquenter les grands hommes, les célébrités :
ce n'est pas à cause de leur mérite, c'est dans l'espérance d'en retirer, pour
ainsi dire, quelque reflet.

Un peuple qui veut vraiment l'égalité la veut au-dessous aussi bien qu'au-
dessus de soi. Mais nous, l'obscurité nous désespère ; et parvenons-nous enfin
à en sortir, quel mépris aussitôt pour ceux de nos concitoyens restés à l'ombre,
et surtout quelle énergique obstination à leur refuser la plus petite place à
notre nouveau soleil !

Voilà comment en France nous aimons et pratiquons l'égalité sociale,
cette vertu, dit-on, essentiellement républicaine, c'est-à-dire sans l'amour
et la pratique de laquelle il n'est pas de république possible.

Serions-nous plus républicains sous d'autres rapports ?

Hélas ! je me trompe sans doute, mais nos mœurs ne me semblent pas
avoir encore cette rigide austérité dont on ne fait pas non plus à tort, j'imagine, une des conditions du régime républicain.

Je suis toujours dans l'erreur sûrement ; mais notre caractère national,
notre esprit remuant, rétif, sans cesse porté vers le changement, l'inconnu,
le drame, ne me paraît pas non plus avoir un besoin immédiat et pressant
de ces excitations et de ces occasions continuelles que prodigue et fait naître
à plaisir cette sorte de gouvernement.

Nous voulons la fraternité, c'est vrai ; mais avec le droit d'aînesse, afin de
pouvoir dépouiller nos frères.

Nous professons le plus grand respect pour la loi, je le reconnais ; mais
alors seulement que derrière le livre où elle est écrite se cache, toute prête
à nous l'expliquer au besoin, la bouche irréfutable du canon.

L'avouerai-je enfin ? Montesquieu dit que les peuples républicains sont
tenus d'être plus vertueux que les autres : je m'examine, je me tâte, et il me
semble que je ne suis pas encore aussi vertueux qu'on pourrait le désirer.

Non, je ne puis admettre qu'une nation aussi civilisée, aussi indépendante, aussi énergique que la France; une nation ayant depuis un demi-siècle de si grandes facilités et presque toute liberté pour manifester sa pensée et sa volonté, dans la presse, dans les assemblées, dans les élections, partout, ait pu, étant réellement républicaine, attendre jusqu'en l'année 1848 pour oser l'avouer et se constituer en république.

La preuve que la France n'est pas républicaine, c'est qu'à la seule proclamation, au 24 Février, de cette forme de gouvernement, elle a été frappée de stupeur et de paralysie; toutes les valeurs, les fonds publics, la propriété foncière elle-même ont baissé de moitié; le crédit a été anéanti; la consternation a gagné jusqu'au capital; toutes les affaires ont été suspendues, la vie s'est partout arrêtée; or, c'est précisément le contraire qui eût dû arriver si la France eût été véritablement républicaine.

La preuve que la France n'est pas républicaine, c'est que cette situation désolante s'est subitement améliorée dès que le pays s'est rapproché, par l'élection du Dix Décembre, du principe monarchique; et qu'elle se bonifierait tout-à-fait, qu'elle rentrerait dans toute sa splendeur — tout homme de bonne foi en conviendra — le jour même où la nation se déciderait à rentrer, elle aussi, dans toute l'intégrité de ce principe.

La preuve que la France n'est pas républicaine, dans le sens du moins que les démocrates attachent à ce mot, c'est qu'elle est par excellence le pays du luxe, du bon goût, de l'élégance, des beaux-arts, des nobles manières, des sentiments chevaleresques, de la science, des plaisirs, du faste, des idées et des mœurs brillantes, en un mot de toutes les aristocraties; aristocraties dont elle ne veut plus une seule, c'est vrai, mais qu'elle veut toutes.

La preuve enfin que la France n'est pas républicaine, c'est qu'elle n'est séparée que de soixante ans de la République sanglante de 93; que de quelques mois de la République à jamais ridicule et honteuse du Gouvernement provisoire; c'est que ce régime a toujours été pour elle la source d'irréparables calamités; et qu'aujourd'hui même, malgré les sûretés prises contre sa nature et ses tendances, il ne peut arracher le pays à ses inquiétudes, à sa torpeur, et ne lui laisse voir en perspective que des luttes et des désastres.

Non, la France n'est républicaine ni par son histoire, ni par ses sympathies, ni par ses mœurs, ni par son caractère; mais, je me hâte de le dire, elle peut l'être par résignation, par nécessité.

III

Je ne donnerai qu'une seule preuve de la possibilité de cette conversion de la France aux idées et à la forme républicaines : c'est que, pendant quarante-huit heures, après le 24 Février, nous avons presque tous été instantanément, résolument, généreusement républicains.

En effet, consultons nos souvenirs. La première surprise, parlons plus franchement, la première frayeur passée, nous acceptâmes tous, tant étaient grand le découragement produit par la chute étrange et la fuite inqualifiable de nos deux derniers rois, et générale la disposition des esprits à considérer comme impossible en ce pays-ci, après ces deux révolutions incroyables, le retour de la monarchie ; nous acceptâmes tous, nous fûmes tous du moins parfaitement disposés un moment à accepter le régime républicain, dans des conditions d'ordre, de tolérance, de modération, d'économie, et d'honnêteté au pouvoir, il est vrai ; conditions par le loyal accomplissement desquelles le Gouvernement provisoire eût à jamais fondé en France bien certainement cette république si audacieusement proclamée par lui.

Mais ce gouvernement, au lieu de s'inspirer des idées et des volontés du pays, sembla, au contraire, s'appliquer à les blesser et à les contrarier en toutes choses. Tous ses actes, d'une niaiserie et d'une incapacité tellement colossales qu'ils ne pourront, pour ainsi dire, trouver place dans la croyance des générations à venir, furent précisément le contre-pied des diverses conditions imposées tacitement par la France à la légitimation et à la naturalisation des aventuriers sans nom composant ce gouvernement sans forme. Il en est résulté que la France, à laquelle ces hommes avaient la singulière prétention d'appliquer leur type, a brisé le moule dans lequel on l'avait emprisonnée, et que sa conversion aux idées et à la forme républicaines est d'autant plus difficile aujourd'hui qu'elle a d'abord échoué. Mais cette conversion est-elle pour cela impossible ? Hélas ! en politique, toutes les conversions sont possibles, aussi bien celles des nations que celles des individus ; pour peu donc qu'on s'y prenne avec habileté, avec ménagement surtout, la France, toujours généreuse, fera encore une fois acte de bonne volonté : elle se voit d'ailleurs à son lit de mort, circonstance toujours favorable aux conversions ; et ne voulant, du reste, ou n'osant reprendre ses anciennes voies, elle est bien tenue de se frayer, à tout hasard, une route nouvelle.

Avant de dire dans quelles conditions et à l'aide de quels moyens la république pourrait s'acclimater dans ce pays-ci, qu'il me soit permis d'émettre quelques pensées ou axiomes politiques, destinés, comme ces poteaux placés aux carrefours des chemins, à nous servir d'indication ou de guide ; ou, comme ces étiquettes inscrites sur les mille objets d'un étalage, à éclaircir nos doutes, sinon à déterminer notre choix.

Idée républicaine. A tort ou à raison, à tort sans doute, l'idée qu'on se fait du régime républicain est celle-ci : Triomphe de la démagogie ; — Le *peuple* substitué à la *nation ;* — Liberté illimitée ou licence ; — Agitation incessante ; — Participation de la multitude ou de l'ignorance au gouvernement ; — Autorité sans cesse disputée, et par conséquent nulle ; — Négation de tous les droits anciens ; — Haine de toutes les supériorités ; — Lutte constante, acharnée entre le propriétaire et le prolétaire, le riche et le pauvre, les *patriciens* et les *plébéiens ;* — Changements à vue des systèmes administratifs, des chefs et des agents du pouvoir ; — Déclassement perpétuel ; — Surexcitation de toutes les passions politiques ; — *Tohu-bohu* général.

Idée monarchique. Au contraire, qui dit monarchie semble dire : Ordre ; — Autorité incontestable et incontestée, parfaitement définie, forte et permanente ; — Stabilité ou durée du pouvoir, et, par suite, sécurité chez les citoyens ; — Fixité dans les principes et les croyances ; — Soumission, volontaire ou forcée, mais réelle ; — Administration ou gouvernement du pays par quelques hommes d'élite ; — Démarcations ou classifications plus ou moins franchissables, mais réelles aussi, c'est-à-dire ordre social régulier et défini ; — Compression absolue ou enrayage à temps des passions mauvaises ; — Prestige ; — Grandeur ; — Éclat ; — Poésie ; — Luxe, etc., etc.

On voit de suite quelles conséquences peuvent résulter de cette différence d'opinion, fondée ou erronée, peu importe.

C'est, en effet, dans l'idée générale attachée à sa nature qu'un gouvernement rencontre sa principale force.

Évidemment, nul doute que l'abus ne soit possible avec ces deux sortes de régimes ; mais nul doute aussi qu'il ne le soit beaucoup plus avec l'un qu'avec l'autre.

On ne doit jamais se hâter de renoncer à une forme de gouvernement établi, lors même que cette forme de gouvernement n'a pas toutes les sympathies de la nation. Ainsi, la France aurait tort de ne pas prolonger encore l'épreuve du gouvernement républicain, tout comme elle a eu tort de briser sitôt la monarchie représentative : il faut donner aux institutions, comme aux rivières et aux torrents, le temps de creuser leur lit si l'on veut rendre leur cours régulier, pacifique et fécond ; tout fleuve peut être rendu navigable.

Quand un navire est en péril et fait eau de toutes parts, il ne suffit pas que les passagers, pour sauver leur vie, mettent tous la main à l'œuvre et secondent de leur mieux capitaine et matelots. Il faut AUSSI que tout l'équipage, SANS EXCEPTION AUCUNE, se résigne à jeter une partie de son bagage à la mer. S'il est à bord des avares se refusant à le faire, on les y contraint, et l'on fait bien.

Notre bagage politique, à tous tant que nous sommes, excède de beaucoup, en ce moment, le poids de tolérance. Il se compose d'un nombre infini de préventions ou de préjugés, de rancunes, d'envies, d'espérances ambitieuses, d'affections généralement intéressées pour telle ou telle famille, tel ou tel prétendant, d'amours-propres engagés, de prétentions plus ou moins illégitimes, de calculs cupides, etc., etc. — A l'eau ! à l'eau ! ou nous périssons.

Une république *démocratique* n'est pas une république. Pas plus, et peut-être moins qu'une république *aristocratique*. Le peuple n'est pas la nation. La nation, c'est le peuple, la bourgeoisie et l'aristocratie confondus ou ne formant qu'un tout. Voilà pourquoi une république qui n'est pas *nationale* n'est plus une république ; car elle cesse d'être la chose de tous en devenant spécialement soit démocratique, soit bourgeoise, soit aristocratique. Le privilége est tout aussi odieux en bas qu'en haut, et il est inutile de parler de fusion, si l'on ne veut encore agir que par exception.

Ce n'est pas une révolution qui a éclaté en Février, c'est une tempête. J'aimerais mille fois mieux une révolution. Une révolution se fonde, s'assied, se constitue, se fait peu à peu accepter, à force de temps et de corrections; mais une tempête qui, comme celle de Février, refuse, si cela peut se dire, de s'apaiser, doit immanquablement finir tôt ou tard par emporter comme un atome la nation sur laquelle elle s'est levée.

On semble croire que sous les gouvernements républicains l'autorité doit être moindre que sous les gouvernements monarchiques. C'est précisément le contraire qui est vrai. Plus la liberté est grande, plus le pouvoir doit être fort; plus elle peut s'étendre, plus il doit avoir de moyens de l'arrêter.

Les rois n'ont à contenir que quelques ambitieux; les républiques ont à se défendre contre toute la population, contente aujourd'hui, mécontente demain, remuante et hostile toujours.

Ce serait donc une intéressante question à étudier que celle de savoir si l'absolutisme n'est pas plus nécessaire aux républiques qu'aux monarchies, ou si celles-là peuvent donner autant de libertés que celles-ci.

Le fait est que jusqu'à ce jour presque toutes les républiques ont péri par excès de liberté, comme quelques monarchies par excès de despotisme, et qu'il n'y a encore eu de durables et de prospères que les républiques *muselées*. A quel prodigieux degré de gloire et de puissance n'était pas parvenue la république de Venise, comme chacun sait, fort peu démocratique et sociale. Et à Rome, l'aristocratie (le sénat, les patriciens) ne l'a-t-elle pas toujours emporté sur la démocratie ?

Je serais tenté de dire qu'il n'y a de bonnes monarchies que les monarchies un peu républicaines, et de bonnes républiques que les républiques un peu monarchiques.

On a trop calomnié le despotisme, ou du moins le pouvoir dictatorial. Ce qui me révolte dans le pouvoir absolu, c'est le *bon plaisir*, s'appuyant sur cette origine si ingénieusement et si injustement nommée le *droit divin*. Mais le despotisme par délégation de la nation ne me déplairait pas toujours, tant s'en faut; et je comprendrais très-bien, j'aimerais même assez une république qui, se méfiant de ses tendances anarchiques, se choisirait elle-même, — librement et volontairement, bien entendu, — son despote ou son maître, pour cinq, dix, quinze ans, etc.; les entrepreneurs d'émeutes pourraient bien nous amener à faire plus tôt qu'on ne le pense l'essai de ce nouveau mode de gouvernement despotique et national.

Je viens de médire du *droit divin*, je dois m'en expliquer. D'abord

2

Dieu n'a pas fait les rois, ils se sont faits eux-mêmes. En second lieu, si, faisant intervenir Dieu dans tout ce qui s'opère en ce bas monde, on voit cette intervention dans la naissance d'un *héritier présomptif*, c'est-à-dire dans tout ce qu'il y a de plus simple, de plus régulier, de plus conforme aux lois de la nature ; à plus forte raison doit-on apercevoir cette action, cette intervention divine dans une révolution, dans une immense commotion politique et sociale, fait fort peu naturel assurément, et bien autrement extraordinaire et difficile que le premier. On voit donc que Napoléon et Louis-Philippe auraient pu, au moins aussi bien que Louis XVI et Charles X, se dire rois de droit divin, c'est-à-dire par l'intervention divine.

Le principe de la légitimité peut se suffire à lui-même. Il est assez grand, assez beau et offre assez de garanties pour cela. Abstenons-nous donc de le décorer d'une appellation que Châteaubriand trouvait ridicule ; et sachons renoncer à ces exagérations qui nuisent toujours à ceux qui les emploient, et dont il est bon de laisser le monopole à la Chine et à ses empereurs, tous immortels, comme on sait, et fils du Soleil.

Oui, sans doute, rien n'arrive ici-bas sans la *permission* de Dieu ; mais que tout y arrive par ses *ordres*, on me permettra d'en douter : il y arrive de trop horribles choses.

Les peuples monarchiques sont sur la terre ferme, les peuples républicains en pleine mer.

Les tremblements de terre sont bien moins fréquents et bien moins dangereux que les tempêtes sur mer.

Royauté, palais ! — République, navire !

C'est assez bizarre et presque ridicule à dire : mais si tant de révolutions éclatent en ce malheureux pays de France, si tant de divisions et de luttes s'y perpétuent, c'est peut-être parce qu'on ne veut ni y comprendre ni y parler le français. Comment pourrait-on s'entendre sur les choses quand on ne peut s'entendre sur les mots? On confond *liberté* avec *licence*, *peuple* avec *nation*, *démocratie* avec *démagogie*, etc., etc. Les ennemis de la société devraient s'appeler *anti-socialistes*, on les appelle *socialistes*. On confond aussi l'*égalité* devant la loi avec l'*égalité* devant la fortune ou l'égalité sociale. Depuis 89 il n'y a plus de noblesse ; car qui dit noblesse, dit classe privilégiée : il n'y a plus qu'une ancienne noblesse ; mais on n'en *reproche* pas moins à un *ex-noble* d'être un *noble ;* et ce pauvre Gouvernement provisoire a cru de la meilleure foi du monde qu'il y avait encore

de véritables comtes et marquis. On appelle les gens *riches* des *privilé-
giés*. *Voleur* pour *propriétaire* a été bien près de passer. En juin, les insurgés, avec intention il est vrai, donnaient à la *garde nationale* le nom
de *garde bourgeoise*. Enfin dans les premières séances de l'Assemblée
constituante, on entendait constamment MM. Berryer, Dupin, Larocheja-
quelein, Thiers, etc., dire qu'ils étaient du *peuple*. — Du peuple ! et pourquoi donc ce mensonge ? Y aurait-il de la honte ou trop de courage à avouer
qu'on est de la *nation ?* — Le *peuple* n'est rien ; la *bourgeoisie* n'est rien ;
la *noblesse* n'est rien ; la NATION est tout.

Il faut rendre justice aux systèmes comme aux hommes. Le régime despotique a cet immense avantage sur un régime libéral, que quand il veut
empêcher le mal de se produire, les doctrines dangereuses de se propa-
ger, etc., il peut, grâce aux moyens énergiques dont il dispose, les arrêter
dès leur principe, les comprimer et les étouffer complétement ; tandis que
sous le régime de la liberté, tenu à des ménagements infinis, à des temporisations souvent mortelles, on ne peut, s'il est permis de parler ainsi,
courir après le mal qu'après qu'il a déjà fait bien du chemin, et ne neutra-
liser l'effet du poison qu'en administrant aussitôt l'antidote. D'où il suit que
ce dernier régime exige bien plus d'habileté, de soins, de vigilance que le
premier, et, malgré tout cela cependant, laisse encore au poison le temps
de produire tout ou partie de son effet, ceux qui l'ont absorbé se refusant
ordinairement à prendre aussi l'antidote.

Ainsi, de ces deux régimes, l'un peut empêcher le mal ; l'autre ne peut
que le réparer en partie. Que pense-t-on de cette différence ?

Presque toujours il y a avantage à garder un gouvernement, même mé-
diocre.

J'ai lu quelque part — dans Montaigne, je crois — qu' « *il en est des
gouvernements comme des valets et cuisinières, et qu'estant à moitié bien,
il fault s'y tenir.* »

En effet, tous les gouvernements éprouvent d'immenses difficultés à s'élancer
hors de leur berceau. Ces difficultés se traduisent en luttes violentes contre
l'atmosphère dans laquelle ils cherchent à faire leur place. Cette atmosphère,
c'est le pays, toujours déchiré par ces nouveaux hôtes, et qui a, en outre, à
payer les frais énormes de leur installation et surtout de leur apprentissage,
frais qui ne se soldent pas seulement en argent, et s'augmentent de la liquida-
tion, toujours ruineuse, du passé, puisqu'elle s'opère nécessairement dans

des conditions détestables. Sans parler de l'État, qui, depuis cette époque, marche évidemment à la banqueroute, des milliers de familles n'ont-elles pas été ruinées en Février? Tout le monde n'a-t-il pas failli l'être? La société qu'on dépouillait de sa morale, de ses principes, c'est-à-dire de son avoir, n'a-t-elle pas été elle-même à la veille de déposer son bilan? En revanche, qui s'est enrichi? Personne; si ce n'est, assure-t-on, cinq ou six individus auxquels je n'envierai pas en tout cas leur procédé pour ce faire.

La preuve que le gouvernement républicain n'est pas le meilleur des gouvernements, c'est que tous les anarchistes, les socialistes, les communistes, les pillards, ne veulent pas d'autre gouvernement que la République?

L'homme d'ordre peut assurément devenir républicain; mais l'homme de désordre n'a pas à le devenir : il l'est naturellement, il l'est de naissance; il l'est... Dieu me pardonne, j'allais dire d'instinct.

On fait de la liberté avec beaucoup d'ordre ; on ne fait que du désordre avec beaucoup de liberté.

République ne signifie pas plus gouvernement libre que *Monarchie* ne ignifie gouvernement tyrannique. On peut même dire que les républiques, à leurs débuts, sont tenues, si elles ne veulent périr, de faire au principe absolutiste un emprunt considérable, qu'elles doivent avoir soin, il est vrai, d'éteindre ou de rembourser peu à peu et comme par annuités, au fur et à mesure qu'elles s'asseyent et se consolident.

Qu'on réponde donc à ceci : Les passions humaines doivent-elles être contenues, oui ou non?

Un fou pourrait seul répondre : non.

Les meilleurs gouvernements sont donc ceux qui contiennent le mieux les passions; et les plus mauvais ceux qui les excitent davantage.

Je me hâte d'ajouter qu'il est des républiques pouvant faire mieux sous ce rapport que certaines monarchies.

Il est malheureusement quelques principes de gouvernement dont on ne peut se départir, quelque cruels qu'ils soient : la peine de mort en matière politique, par exemple, laquelle est parfaitement juste, et surtout, hélas !

absolument nécessaire. Elle peut seule empêcher la révolte, cet attentat à la vie de plusieurs milliers d'individus à la fois, et au repos, à la prospérité, à la sûreté de toute une nation ; tandis que l'exil ou la déportation n'effraie personne. Or, c'est là pourtant le principal résultat à obtenir, la peine de mort ayant été instituée par toutes les sociétés bien moins pour punir le coupable, que pour intimider ceux qui voudraient l'imiter.

Oui, en principe et en fait, un gouvernement ÉTABLI a toujours le droit, à moins qu'il n'ait déclaré y renoncer — renonciation qui équivaut pour lui à un suicide — de punir de mort le citoyen qui conspire. Et, au fait, tout homme qui cherche à renverser un gouvernement ne fait-il pas, par cela seul, avec ce gouvernement, comme un traité tacite par lequel il se soumet volontairement à toutes les éventualités d'une défaite ? Il connaît la pénalité ; il est parfaitement libre de ne pas conspirer ; il le fait cependant : le droit du vainqueur devient ainsi incontestable.

A mon avis, ce qui rend la Terreur si odieuse, si détestable, ce n'est pas d'avoir appliqué si souvent la peine de mort ; c'est de l'avoir décrétée — infamie sans exemple ! — contre des SUSPECTS !!!

Mais s'ils n'avaient frappé que des conspirateurs atteints et convaincus, les égorgeurs de 93 ne seraient point sortis du droit gouvernemental ; et, politiquement, — politiquement seulement, bien entendu, — je les absoudrais.

Prétendra-t-on qu'il est des révoltes légitimes ? Je l'admets. Mais dans quelles circonstances ? Alors seulement que l'excès du mal ou de la souffrance est assez intense pour que la mort elle-même soit préférable. La faim et le désespoir de tout un peuple ont des droits contre des gouvernements sourds aux cris de la faim et du désespoir ; l'esprit d'insoumission et la passion de s'élever n'en ont pas.

Dira-t-on qu'une poignée d'aventuriers et de scélérats arrivés au pouvoir ne peut avoir droit de vie et de mort sur toute une nation ? Pourquoi toute une nation est-elle assez stupide et assez lâche pour se laisser conquérir et maîtriser par une poignée d'aventuriers et de scélérats ?

Tout ce qu'on peut demander c'est que, pour être punie, la culpabilité politique soit encore mieux démontrée, si cela est possible, que la culpabilité civile.

⊛

Jusqu'en 89, la plupart des gouvernements sont tombés pour n'avoir pas accordé assez de libertés. A dater de cette époque et à l'avenir, la plupart ont péri ou périront pour vouloir en accorder trop.

⊛

Je l'ai déjà dit : nous ne parviendrons jamais à comprendre et à parler notre langue. La peine de mort a été abolie en *matière politique;* qu'entendez-vous affirmer aussitôt ? Qu'on ne peut l'appliquer aux émeutiers ; et, en effet, les tribunaux, les conseils de guerre eux-mêmes, n'ont osé la prononcer contre les insurgés de Mai et de Juin.

Mais les émeutiers de profession sont donc des hommes politiques ! ! !

Les bandits, les échappés de bagne qui déclaraient eux-mêmes s'insurger, non contre telle ou telle forme de gouvernement, mais contre la société, et rédigeaient en effet ainsi leur monstrueuse Constitution : « *Article premier : il y aura trois jours de pillage,*» ces hommes-là se battaient donc pour faire prévaloir leurs opinions politiques et leurs vues administratives ! ! !

Quelle dérision ! et qu'un pays mérite bien de tomber dans l'abîme quand il tombe volontairement dans de telles aberrations.

Il est absurde de vouloir des priviléges, mais il est bien plus absurde encore de ne pas vouloir de distinctions. Celles-ci ne font de tort à personne, et les gouvernements, comme les sociétés, sont trop heureux que tant de gens veuillent bien consentir à être payés en cette monnaie. Cela ne durera pas toujours.

De même, qu'aucune classe de la société ne soit privilégiée devant la loi, c'est de toute justice. Mais qu'il n'y ait pas toujours plusieurs classes dans la société, c'est de toute impossibilité, et ce serait de toute injustice aussi.

Que l'on puisse également passer d'une classe dans une autre, soit encore. Mais je n'en voudrais pas moins, entre ces diverses classes, une ligne de démarcation, je dirais volontiers une ligne et une forte ligne de douane; car j'aimerais assez qu'il fût établi des droits considérables à l'entrée comme à la sortie, et qu'un passe-port en règle, sorte de diplôme délivré après examen, fût en outre exigé des émigrants, afin qu'on ne pût, comme aujourd'hui, franchir la frontière au moyen d'une simple enjambée, ce qui est frauder beaucoup plus qu'on ne pense l'État et la société.

Le grand avantage des monarchies sur les républiques, c'est qu'elles offrent un point d'appui, un signe et un moyen de ralliement; quelque chose de fixe, de réel, de visible, de senti.

Les monarchies sont aux nations ce qu'étaient les châteaux de la féodalité aux paysans qui venaient se grouper et bâtir leurs cabanes sous leurs murs, pour s'y abriter et s'y défendre.

Il y a du positif dans la royauté ; il semble n'y avoir que de l'idéal, de l'incertain, dans la république. Aussi, sous la monarchie, surtout si le monarque est capable, ou seulement bien entouré et bien résolu en tout cas à maintenir l'ordre, la confiance publique est-elle bien plus grande et bien moins limitée, car elle embrasse tout le règne du monarque et va même au-delà, portée par le principe de l'hérédité. En république, au contraire, la durée de la confiance est nécessairement en proportion de la durée au pouvoir des hommes auxquels elle s'attache. Ainsi aujourd'hui, en France, les plus confiants n'ont qu'une confiance quadriennale. Que dis-je ! Supprimez deux hommes, Changarnier et Louis-Napoléon, et cette confiance, déjà si limitée, s'évanouit.

Singulier état de choses, on l'avouera, que celui qui repose sur l'existence et les dispositions actuelles de deux hommes ! ! !

Dans un pays monarchique, je sais où rencontrer le Pouvoir. Dans un pays républicain, j'ai toutes les peines du monde à le découvrir, à l'atteindre. Il est tantôt en haut, tantôt en bas ; tantôt à droite, tantôt à gauche ; et toujours, en quelque sorte, insaisissable.

Un royaume est une forêt entourée, comme celle de Saint-Germain, de bonnes murailles, et protégée par un grand et solide château où tout vient aboutir, d'où tout rayonne, et où l'on peut toujours au besoin s'adresser pour demander secours et protection.

Une république est un bois ouvert à tous venants, où aucune route n'est désignée, où nul chemin n'aboutit au centre, si centre il y a ; où aucune construction forte et spacieuse n'offre d'abri contre l'orage ou de sécurité contre les voleurs.

Ce n'est pas, je me hâte de le déclarer, que la forme républicaine soit mauvaise en soi ; mais le fait est que jusqu'à ce jour on lui a généralement laissé prendre des développements ou des proportions qui ont, à tort ou à raison, effrayé l'opinion publique. Je n'hésite pas à dire que c'est à tort, car, bien entendu et bien appliqué, le principe républicain peut valoir le principe monarchique : le drapeau n'est rien ; la devise qui y est inscrite est tout ; n'oublions pas la main qui le porte.

Les républiques grecques, romaine, carthaginoise, italiennes, etc., n'oubliaient ou ne faisaient taire leurs dissensions intestines qu'en présence des ennemis de la patrie. Chose horrible, mais exacte à dire, la guerre, cet épouvantable fléau, était pour elles plus désirable et plus avantageuse que la paix; elles semblaient toujours aussi la rechercher : Rome ne se préservait de l'incendie qu'en incendiant tout autour d'elle.

La guerre serait-elle donc une des conditions d'existence des gouvernements républicains, et les républiques, comme certains volcans, seraient-elles destinées à se consumer et à s'éteindre aussitôt qu'elles ne peuvent plus lancer au dehors leurs feux et leurs laves?

Disons comment la république pourrait prendre racine en France.

IV

Il est impossible de le nier : bien que nous l'ayons accepté depuis, par procuration du moins, le gouvernement républicain nous a été imposé le 24 Février. Les auteurs de cette surprise, qualifiée d'attentat, le reconnaissent eux-mêmes, et ils ont raison : c'est là un tour de force sans aucun précédent dans l'histoire, et dont il leur reviendra certainement une immense célébrité. Il est mainte fois arrivé en effet que des hommes hardis et d'une capacité hors ligne parvinssent à subjuguer leur pays. Mais les peuples ainsi asservis n'étaient pas aussitôt consultés ou appelés par leurs nouveaux maîtres à se prononcer sur cette usurpation. Loin de prendre l'avis de la nation, on la bâillonnait bel et bien, au contraire, et en vain eût-elle essayé de protester. Tandis que, en France, le 24 Février, quelques hommes complétement ignorés, et n'ayant que trop, hélas! le droit de l'être, n'ont pas seulement asservi leur pays, ils lui ont laissé en même temps toute liberté, ils lui ont donné par le suffrage universel toutes facilités pour renverser cette usurpation inattendue et injustifiée; et la France, cependant, appelée par trois fois à se prononcer, a accepté sans la moindre protestation et ces hommes étranges et leur étrange gouvernement, se soumettant pleinement, et avec une résignation vraiment digne du peuple très-chrétien, à l'autorité et au bon plaisir de MM. Pagnerre, Flocon, Louis Blanc, Albert le mécanicien, etc., la France qui ne se serait pas soumise, qui ne se soumettrait certainement pas à quelques millions de Russes ou d'Autrichiens envahissant ses frontières.

Oui, certes! je le répète, il y a bien là un fait où on ne peut plus glorieux pour ces quelques hommes, ou on ne peut plus humiliant pour notre pays.

Mais enfin, si la république a été imposée à la France le 24 Février, c'est donc que la France n'était pas républicaine. Si elle n'était pas républicaine, c'est qu'elle ne sentait pas le besoin de l'être ou de le devenir. Si elle n'éprouvait pas ce besoin, c'est que la monarchie lui suffisait, la contentait, pouvait du moins la satisfaire.

La question est donc des plus simples à poser. Pour rendre la république possible en ce pays-ci encore monarchique, il faut l'assimiler autant que faire se pourra à la monarchie. Non pas, bien entendu, à la monarchie telle que Louis-Philippe l'avait faite, mais à la monarchie telle que la voulait la partie éclairée et honnête, c'est-à-dire la majorité de la nation, au moment où la révolution a éclaté ; telle aussi et surtout que l'eussent désirée quelques esprits d'élite assez perspicaces pour pressentir dès cette époque à quelles conditions non-seulement la royauté mais la société elle-même étaient viables ou possibles.

C'est-à-dire qu'à cette œuvre d'assimilation doit s'ajouter un travail d'amélioration ou plutôt de reconstitution se résumant, d'une part, en la suppression des divers abus et des détestables errements dès longtemps flétris par l'opinion publique, et, d'autre part, en l'application de nombreuses réformes bien autrement importantes, bien autrement capitales que celles dans lesquelles les myopes de l'opposition de 1848 voyaient un remède à tous nos maux.

Détruire ces abus tout aussi intenses aujourd'hui qu'hier ; opérer ces réformes radicales, de jour en jour plus urgentes et plus impérieuses ; et se rapprocher le plus possible d'un principe essentiellement conservateur, quoi qu'on prétende : tel est donc le seul moyen de fonder en France, je ne dirai pas seulement la République, mais tout gouvernement désireux de s'y perpétuer ; tel est le seul aussi peut-être d'y sauver la société si fortement ébranlée par la secousse de Février, qu'il suffirait certainement d'une nouvelle commotion pour la renverser et la dissoudre.

Et qu'à propos de cette assimilation et de ce rapprochement nécessaire, on ne se hâte pas de crier au paradoxe, et de prétendre qu'à une république il ne faut que des institutions républicaines. Cela serait vrai chez un peuple déjà républicain, mais ne peut l'être chez une nation encore monarchique. Qu'est-ce, d'ailleurs, que des institutions républicaines ? Et, s'il est possible de les définir, est-il rien qui leur ressemble mieux que les institutions d'une monarchie véritablement représentative ?

Il serait par trop absurde, vraiment, de vouloir que la France construisît le nouvel édifice dans lequel on lui propose de s'abriter, de telle façon qu'il fût en désaccord complet avec ses besoins, ses goûts, son climat si variable hélas ! et qu'il ne fût, en outre, formé que de matériaux nouveaux et étrangers dont elle n'a que trop de raison de suspecter la valeur, et comme résistance, et comme cohésion, et comme durée.

La France veut bien se faire républicaine, c'est bien le moins que la république consente à se faire française ? Le principe monarchique aura, du reste, plus d'une concession à faire , je le reconnais , au principe républicain ; il en a assez d'autres à lui demander en retour.

V

Quels étaient les vices les plus regrettables, quels ont été les errements les plus désastreux de la monarchie de juillet, ceux qu'il importe le plus d'éviter ou de réformer ?

Ce n'est pas uniquement à son origine, quoiqu'elle l'ait mise dans la nécessité de proclamer le droit à l'insurrection, que la dynastie d'Orléans a dû sa chute. En France, aujourd'hui, tout homme peut racheter son origine par la grandeur, l'utilité ou l'éclat de ses actes. C'est principalement à son incroyable système de *juste-milieu*, système qui n'en était pas un, comme le prouve le nom seul qu'on lui avait donné, que Louis-Philippe doit imputer sa ruine. Par ce système, la vérité, qui est une, se trouvait bannie du domaine politique. Oscillant sans cesse de côté et d'autre, la morale elle-même perdait son appui et son unité. Le bien et le mal se trouvaient confondus. Placés sur le même rang dans l'estime et la protection de l'Etat, on leur faisait à chacun, et, pour ainsi dire, à jour déterminé, des concessions et une part égales. Aujourd'hui on allait à droite, le lendemain on se précipitait à gauche. Le lundi, en quelque sorte, on comblait l'abîme ; le mardi on se hâtait de lui restituer toute sa profondeur, tous ses périls. Lié par le principe, le système, on n'osait prendre que des demi-mesures ; on ne votait, pour ainsi parler, que des demi-lois. C'était, disait-on, afin de ne déplaire à personne ; moyen infaillible de mécontenter tout le monde. On ne laissait pas à la presse assez de liberté pour prêcher le désordre et la révolte ouvertement, brutalement, violemment ; on lui en laissait de reste pour les recommander adroitement, et de cette façon insinuante et voilée qui est la plus persuasive. On déplorait amèrement la perte des croyances religieuses ; on se récriait sans cesse contre l'esprit d'insoumission se répandant sur toute la surface du territoire; on s'alarmait de l'effrayant accroissement dans les villes de la population ouvrière; et cependant, par une politique toute d'inconséquences, notamment par un mode d'enseignement public vraiment inqualifiable, on maintenait, on encourageait, on excitait sans relâche ce honteux scepticisme, ce penchant à l'insurrection, cette émigration des campagnes dans les cités!

Dans le Parlement vous entendiez constamment les ministres tenir à peu près ce langage :

« Le mal est très-grave, nous le reconnaissons; il fait de rapides, d'effrayants progrès! il y va de notre avenir, de notre vie, de l'arrêter, de le détruire. Malheureusement nous ne pouvons prendre sur nous de le faire : on ne peut le tenter vraiment; nos mœurs politiques s'y opposent; notre amour pour la liberté; notre respect pour les idées du pays; la douceur de nos institutions, en un mot, ne nous le permettent pas. »

Et la Chambre passait outre; le mal aussi, bien entendu.

La *prévention* seule devrait être libérale, c'est-à-dire s'exercer avec des formes paternelles ou amicales; on donnait à la *répression* le même caractère. L'homme était bien quelquefois frappé, mais on laissait vaguer en toute liberté le principe ou l'idée.

En économie politique, en finances, dans toutes les branches de l'administration, même système.

Partout et toujours, cet incroyable juste-milieu triomphait.

On eût dit que la quasi-légitimité n'osait faire que du quasi-gouvernement.

Était-ce la vérité qui craignait d'aller jusqu'au mensonge, ou le mensonge qui craignait de s'élever jusqu'à la vérité? On ne sait, et je n'ose en dire mon avis.

Dès qu'on avait pris une fausse route, du reste, bien fallait-il s'égarer. De là, la politique des expédients et des hésitations, s'ingéniant à retrouver le vrai chemin, et, à chaque pas, versant dans une ornière bourbeuse, ou tombant dans un précipice mortel. Le principe monarchique abâtardi ou dénaturé; la représentation nationale faussée, annulée par les *influences* électorales et parlementaires; l'autorité déconsidérée; le pouvoir amoindri et déplacé; les croyances religieuses laissées à l'écart comme des momies; les convictions politiques montrées au doigt comme des excentricités, et se fondant au souffle ricaneur du scepticisme fait homme, et homme d'Etat; les contribuables surchargés d'impôts, et le pays cependant marchant vers la banqueroute, que dissimulaient à ses yeux les scandaleux bénéfices de l'agiotage, ce favori du nouveau règne; l'aveugle, l'impolitique, la stupide préférence accordée à l'industrie et au commerce sur l'agriculture et la propriété territoriale ; enfin, et surtout la détestable direction donnée à l'esprit et au mouvement publics par un système d'éducation qui semblait n'avoir pour buts qu'un déclassement continu et l'encombrement de toutes les professions libérales ; voilà l'histoire, hélas ! de la monarchie de Louis-Philippe et de sa politique — ne soyons point trop sévères — de son époque peut-être seulement ; écrivons-la en caractères énormes sur les murs du Palais Législatif et de tous nos Ministères ; et n'ayons qu'une pensée, qu'un but, qu'une seule et même volonté : en suivre exactement le contre-pied.

On peut comprendre, dès à présent, dans quelle intention j'ai cru devoir donner place, au début de cet écrit, aux citations qu'on a dû y lire. Elles pouvaient me tenir lieu de préface ou de sommaire, car elles indiquent les principales réformes auxquelles me semble inévitablement attaché le salut de la société et de la patrie ; réformes radicales et immenses, mais urgentes et indispensables, je me plais à le répéter.

VI

Ici, toutefois, j'hésite, effrayé, je l'avoue, par l'inertie et le défaut de courage que je m'attends à rencontrer. Ces abus, ces erreurs gouvernementales, que je n'ai pu qu'énoncer, le pouvoir actuel en a-t-il fait justice ? Ne semble-t-il pas prendre à tâche, au contraire, de les perpétuer ? ne semble-t-il pas craindre, en quelque sorte, de les distraire de son héritage ? Comment dès-lors espérer de sa part leur suppression, et surtout l'adoption des réformes capitales, immenses, qui doivent leur être opposées ?

Je ne parle pas seulement des ministres, du Président et de son entourage, mais aussi de l'Assemblée nationale.

Où sont donc les Titans assez robustes, assez résolus pour dresser et superposer ces montagnes destinées à soutenir, comme autant de colonnes, le monde qui s'écroule ? Et les sacrifices, les sacrifices immédiats, remarquons-le bien, qu'exige le salut de la patrie, qui donc est résigné à les faire ? Quel parti apportera le premier son offrande sur l'autel ? Là est l'obstacle, l'écueil, l'impasse. Je ne vois qu'une génération chétive, égoïste, peureuse ; et il faudrait à la situation une population de géants et de héros ; hélas ! comme le gouvernement déchu, ces demi-hommes ne prendront que des demi-mesures, ne s'imposeront que des demi-sacrifices, n'entreprendront que des demi-travaux ; comme le gouvernement déchu aussi, ils tomberont, poussés par les Barbares, pour n'avoir eu ni la force ni le courage de se poser carrément devant l'ennemi.

Je le répète, c'est là la plus grande difficulté du moment. Le maître, le fondateur de l'école est en exil, mais les disciples sont encore parmi nous ; et, malheureusement, le pouvoir est toujours entre leurs mains. Le système des temporisations, des atteŕmoiements, des transactions, la politique à bascule, le *juste-milieu* en un mot, va donc fleurir de nouveau ; ET LE JUSTE-MILIEU TUERA LA RÉPUBLIQUE ET LA SOCIÉTÉ COMME IL A TUÉ LA MONARCHIE.

Poursuivons cependant.

———

La première restauration à entreprendre, c'est celle du Pouvoir. Il faut absolument le chercher et le retrouver, car il s'est égaré et perdu depuis Février, laissant seulement çà et là, dans sa fuite, aux mains des plus heureux, quelques lambeaux informes et ensanglantés. Il faut le retirer de la vase où il se dissout, des millions de mains qui l'émiettent et le pulvérisent ; et, le rasseyant au sommet de la société, sa seule sphère, lui restituer toute sa force, toute sa dignité, toute sa vérité, tout son prestige, toutes ses conditions de durée et d'inexpugnabilité.

Aujourd'hui, où est le pouvoir ? car il n'a pas seulement été amoindri, annulé ; il a été, CE QUI EN POLITIQUE EST PIS ENCORE, déplacé.

Ce pouvoir, qu'est-ce en effet ?

Le moment serait assez mal choisi pour faire de la politique sentimentale : le pouvoir, en dernière analyse, c'est la force armée.

Or, armer QUATRE MILLIONS de citoyens ; confier ainsi l'autorité à des hommes sur la fidélité desquels on ne peut compter ; laisser à ces quatre millions de citoyens, — et il le faut bien, puisqu'on ne peut soumettre la garde nationale à la même discipline, à la même obéissance passive que l'armée, — laisser à ces quatre millions de citoyens, quel que soit le degré de leur intelligence, la faculté et le droit de discuter, d'absoudre ou de condamner les actes et même les pensées du gouvernement qu'ils ont mission de défendre ; en sorte que le garde national le plus ignorant, le plus obtus peut refuser son concours si ce gouvernement n'a pas son entière approbation ; agir ainsi, dis-je, c'est déplacer le pouvoir ; c'est le faire descendre des sommets que l'intelligence et la supériorité habitent, dans les bas-fonds où la sottise et les mauvaises passions croupissent ; c'est abandonner le gouvernement à la multitude, c'est le répandre dans la rue, sur la foule toujours ignorante, toujours facile à tromper ; c'est conséquemment se préparer bénévolement et immanquablement des révolutions et des catastrophes périodiques.

S'il n'y avait pas eu de garde nationale à Paris le 24 Février, la révolution n'eût pas eu lieu. Son inaction a paralysé l'armée et le Pouvoir lui-même. Et pourquoi la garde nationale a-t-elle alors manqué à son devoir ? Parce qu'elle n'était pas parfaitement satisfaite de la politique de M. Guizot!!! Depuis, il est vrai, se ravisant et craignant le pillage de ses boutiques, elle a maintenu l'ordre ; mais que l'Assemblée législative ou le Président de la République s'écarte des plans et des idées politiques de ces profonds penseurs, et la nouvelle garde prétorienne se croisera encore les bras, n'étant pas assez perspicace pour comprendre que la chute du Pouvoir serait aussitôt suivie de la sienne propre.

Ainsi, qu'on ne dise pas que le Pouvoir aujourd'hui réside à l'Élysée ou au palais législatif ; il a sa demeure principale à l'état-major de la garde nationale, dans les douze mairies de Paris, et dans les cent mille boutiques où cette force armée se trouve éparpillée, et peut, à tout moment, être exploitée et surprise.

Quant à l'armée, après ce que nous avons vu en Février, comment compter sur elle ? Se commettra-t-elle jamais avec la garde nationale, si celle-ci fait encore cause commune avec l'insurrection ? Lui donnera-t-elle, comme l'armée autrichienne à la garde nationale de Vienne, une leçon méritée ? Hélas ! l'armée française ne serait sans doute pas assez *brave* pour cela ; car, comme la France entière, comme nous tous, elle possède au plus haut degré le courage militaire, mais elle est généralement dépourvue du courage civique ; rien de plus rare en ce pays-ci que cette dernière bravoure, la plus méritoire et la plus honorable de toutes cependant.

Réduire la garde nationale des quatre cinquièmes au moins, et l'armée elle-même de moitié [1], afin de l'améliorer, il n'est pas d'autre moyen de s'assurer le concours de la force armée, qui doit toujours être organisée de telle façon que le gouvernement puisse à toute heure et en toute occasion compter sur elle. Un gouvernement qui n'a pas cette assurance n'a pas le pouvoir. C'est un roi sans gardes, un général sans troupes, une ville sans murailles. Il est à la merci du premier aventurier venu ; or, un Pouvoir dont il est aussi facile de s'emparer n'est plus le Pouvoir.

Je sais bien qu'à côté et au-dessus du pouvoir armé, il y a ce qu'on

[1] Voir à la page 59.

nomme le pouvoir moral ou légal, l'Assemblée nationale, par exemple, *investie*, dit-on, *de la souveraineté*.

Et si ces deux pouvoirs cessent de s'entendre, ce qui ne peut tarder à avoir lieu pour peu qu'on laisse subsister l'ordre de choses actuel !

Ce pouvoir moral, d'ailleurs, n'a-t-il pas perdu son plus précieux, son plus indispensable caractère, l'unité ? La souveraineté peut-elle se diviser en sept cent cinquante fractions sans tomber en poussière et retourner au néant ?

Qui donc, en outre, fera mouvoir cette énorme machine, incapable bien certainement de se mouvoir par elle-même ? N'est-il pas, du moins, dans sa nature de ne se mouvoir que de droite à gauche, ou de gauche à droite, mais jamais en avant? Singulier pouvoir vraiment, singulière souveraineté, qui ne peut rien si on ne la dirige !

Il serait temps que la France ouvrît enfin les yeux sur le mérite des grandes assemblées. Leur origine lui fait illusion. Hélas ! pourtant, de cette source nationale si vantée sortent bien plus souvent des eaux stagnantes, aussitôt métamorphosées en marais, que des fleuves majestueux et féconds. Qu'ont jamais produit de grand, de durable, ces réunions omnipotentes? Je rencontre en elles un immense avantage, c'est vrai, mais pour combien d'inconvénients et de dangers, en France surtout ! Leur objet, leur rôle spécial et naturel y a été complétement interverti, et il en est déjà résulté deux révolutions, à quinze ans seulement d'intervalle ; c'est que leur attribuant un caractère autre que celui pour lequel elles avaient été instituées, nous leur avons laissé outrepasser leur mission et usurper des fonctions et une suprématie qui ne peuvent, qui ne doivent pas leur appartenir ; de là, leurs périls et nos désastres.

LE RÔLE DES ASSEMBLÉES POLITIQUES, en effet, CE N'EST PAS DE GOUVERNER, MAIS DE VEILLER A CE QU'ON GOUVERNE BIEN, ET SURTOUT A CE QU'ON NE GOUVERNE PAS MAL. Contrôler les actes du gouvernement, l'arrêter dans ses écarts, l'exciter dans ses moments d'apathie, l'inspirer et le guider moralement par l'incessante manifestation et la continuelle traduction des sentiments et des vœux du pays, tel est le seul rôle convenable, telle est la véritable mission des assemblées délibérantes. Dès qu'elles vont au-delà, elles courent à l'abîme, entraînant après elles la nation assez aveugle pour avoir transformé en locomotive la machine à enrayer qu'elle s'était donnée ; nous l'avons vu deux fois.

De 1815 à 1848, la France s'est complu, pour ainsi dire, à faciliter et à consacrer cette usurpation. Pendant ces trente-trois années, mais principalement depuis 1830, la Chambre des députés avait attiré à elle toute l'autorité. Elle composait à elle seule, quoi qu'on puisse prétendre, tout le gouvernement. Le Pouvoir n'avait qu'un domicile, le palais Bourbon ; les Tuileries n'en avaient gardé que l'enseigne ou l'écriteau.

Et cet émiettement de l'autorité n'est pas la seule atteinte que lui portent les grandes assemblées. Ce pouvoir dont elles s'emparent ainsi, elles ne peuvent pas même le retenir, le garder. Il se répand bientôt au dehors, porté jusqu'aux limites du territoire par les cent mille canaux de la publicité, et alors la nation, ou plutôt les masses, s'en saisissent à leur tour : terminée dans le palais des représentants, la discussion recommence entre les représentés ; elle envahit la rue, les carrefours, la cité, le village, le cabaret, la voie publique ; chaque question fait ainsi en quelque sorte son tour de France ; le gouvernement, par conséquent, tombe dans la foule ; et les masses ignorantes et si faciles à impressionner deviennent les arbitres suprêmes, les juges sans appel de la politique ; la politique, cette science si difficile, si ardue, si complexe, qu'elle ne compte pas un homme éminent par chaque siècle !

Et les secrets d'Etat, comment, en outre, pourront-ils être gardés? Comment le Pouvoir, sans cesse interrogé, espionné, c'est le mot, par cette Chambre, qui devrait être comme son complément, et qui est toujours sa rivale, pourra-t-il, quand de graves circonstances lui en feront un devoir, dérober aux gouvernements étrangers, et au pays lui-même momentanément, ses actes, ses projets, ses préparatifs, ses appréciations même ?

Ne faut-il pas aussi, pour gouverner, du calme, du sang-froid, du recueillement, de l'impartialité ? Ces conditions se trouvent-elles jamais dans les assemblées politiques ? Il est, au contraire, dans leur nature et dans leur destinée d'exciter et d'aigrir toutes les mauvaises passions en les mettant sans cesse en jeu et en présence, non-seulement dans leur propre sein, mais, ce qui est bien plus grave encore, dans tout le pays : SANS LES DÉBATS IRRITANTS DES CHAMBRES, et sans la publicité plus irritante encore donnée à ces luttes, LES RÉVOLUTIONS DE 1830 ET DE 1848 N'EUSSENT CERTAINEMENT PAS ÉCLATÉ ; c'est aussi dans les débats des grandes assemblées de 89 et de 93 que je rencontre la cause principale et incontestable des hontes et des crimes de notre première révolution ; c'est enfin des débats de l'Assemblée nationale actuelle, si l'on ne se hâte de les amoindrir, que surgira sans aucun doute la tempête, déjà visible, qui menace de nous emporter.

Et pourquoi, du reste, une chambre de représentants aussi nombreuse ?

La vérité, l'exactitude de la représentation nationale ne réside pas dans le nombre des représentants, mais dans celui des électeurs.

Deux cents députés nommés, même indirectement, par huit millions de citoyens, les représenteraient aussi bien que sept cent cinquante ou neuf cents élus par les mêmes huit millions d'hommes, et ils feraient certainement beaucoup mieux et beaucoup plus économiquement [1] les affaires du pays.

Si la discussion peut éclairer une réunion de cinquante à cent personnes, elle ne fait guère que passionner une réunion plus considérable.

Bizarrerie bonne à noter, en outre : plus nombreuses sont ces assemblées, moins elles comptent de capacités. Il ne serait pas nécessaire d'aller bien loin pour en rencontrer un exemple.

Dans une très-nombreuse assemblée, par conséquent, c'est toujours la médiocrité qui l'emporte, car elle y est nécessairement en majorité, soit à gauche, soit à droite ; au contraire, une réunion très-restreinte pourrait être composée presque exclusivement de supériorités réelles, sur lesquelles n'auraient de prise ni les mauvaises passions, ni les faux patriotismes, ni surtout cette éloquence sonore et vide qui a fait déjà tant de mal à la France.

Bref, je comprends un Sénat, une Assemblée de cinquante, quatre-vingts, cent membres ; mais une réunion politique de près d'un millier d'individus n'est plus, à mes yeux, une assemblée gouvernementale ; c'est la foule avec ses passions exaltées et ses prétentions absurdes ; c'est un *meeting* ; une sorte d'émeute même, nous le voyons tous les jours ; quelque chose comme un rassemblement séditieux qu'il peut à tout moment devenir nécessaire de disperser par la force des armes.

Veut-on une preuve évidente de l'impuissance des assemblées politiques ? Qu'on fasse le relevé de nos lois d'affaires, ou du moins de tous nos projets de lois pendant ces dernières années :

On essaie pas *six* fois, toujours en vain, de faire un code rural.

On tente *cinq* fois, toujours inutilement, de confectionner tant bien que mal une loi sur l'enseignement public.

On vote enfin, après bien des efforts infructueux, une loi sur les chemins de fer, et, dès l'année suivante, ceux mêmes qui l'ont faite déplorent amèrement, avec tout le pays, de l'avoir rédigée ainsi.

On refait par quatre fois la loi sur les sucres, et le mal allant toujours croissant, on avoue qu'elle est encore à refaire.

Idem de presques toutes les lois sur les douanes ;

---

[1] Les assemblées politiques ont déjà coûté à la France, depuis 89 jusqu'en 1848 l'énorme somme de 255,546,256 fr.

Idem du code maritime ;

Idem du code militaire ;

Idem du régime pénitentiaire ;

Idem de l'organisation administrative ;

Idem de l'impôt du sel ;

Idem de tout.

Et c'est tout simple, c'est tout naturel, c'est inévitable. Comment donc pourraient-ils discuter et satisfaire de grands intérêts, ces hommes pour la plupart si petits, ou mus par leurs petits intérêts seulement !

Le plus hardi et le plus étonnant de nos écrivains politiques, M. E. de Girardin, à l'esprit duquel on ne rend pas assez justice ; il ne sait peut-être pas pourquoi lui-même, je le lui dirai : parce qu'il en a trop, — c'est un très-grand défaut en certains pays,—a proposé, contre l'impuissance des assemblées législatives, contre la nature irritante de leurs débats, contre leurs empiétements et leurs dangers, un remède assez original, mais très-digne d'attention : l'absence systématique et forcée des ministres de toutes les séances de la Chambre. On sera bientôt obligé d'adopter cette idée beaucoup plus juste que celle de la liberté illimitée de la presse, et beaucoup plus profonde qu'elle ne le paraît d'abord : on amoindrirait ainsi ces assemblées au grand profit du pouvoir et de l'ordre, et on leur restituerait peut-être même leur véritable caractère, leurs fonctions naturelles, leur mission, ce qu'il est très-important et très-urgent de faire.

———————

Comme l'Assemblée nationale, le suffrage universel absorbe aussi une part beaucoup trop considérable du pouvoir. De l'aveu de tous les partis, la moitié au moins du peuple, en France, est encore trop peu instruite, et trop accessible à l'erreur et même à la corruption, pour pouvoir exercer d'aussi importantes, d'aussi *difficiles*, d'aussi saintes fonctions que les fonctions électorales. Il est donc déraisonnable de les lui confier et de livrer ainsi l'autorité aux mains de l'ignorance et de la médiocrité, toujours en majorité dans une nation.

Dès qu'un candidat parvient à réunir trente, quarante, cinquante mille suffrages, il est évident que les quatre cinquièmes des électeurs votent sans savoir ce qu'ils font. Ils ne connaissent nullement ce candidat, en effet, et s'en rapportent au dire d'un comité dont les membres ne leur sont pas connus davantage. Ils ont la foi électorale qui les sauve. Mais sans une direction organisée, sans une influence nécessitée par cette ignorance des masses, celles-ci ne pourraient certainement pas voter ; or, un électeur qui n'est pas en état de voter en dehors de toute direction ou de toute influence et en parfaite connaissance de cause, n'est pas digne, n'est pas capable d'exercer cette fonction.

Alors qu'il n'y avait que deux cent mille électeurs, beaucoup ne comprenaient pas l'importance de leur vote ou agissaient sous l'impulsion de calculs coupables ou de préventions aveugles et passionnées ; et vous voulez que la foule fasse autrement et mieux que ces électeurs de choix?

Il est vrai, le suffrage universel est honorablement sorti de ses premières épreuves. Mais qui donc peut compter sur lui pour l'avenir, après la volte-face que nous lui avons vu faire si inopinément aux dernières élections générales, dans toutes les localités où le socialisme a eu le temps, je ne dirai pas de développer ses théories, mais de montrer seulement son drapeau?

La preuve qu'on ne peut compter sur le suffrage universel, c'est qu'il a donné, chaque fois qu'il a fonctionné, un résultat différent et inattendu.

Il en sera toujours de même. Au fait, quand les hommes supérieurs ont tant de peine à se former une opinion politique bien arrêtée, comment la multitude pourrait-elle y réussir ?

Je ne puis songer sans effroi, je l'avoue, à ce suffrage universel qui donne le pouvoir absolu, et qui cependant peut, que dis-je, doit infailliblemen tôt ou tard se tromper.

Qu'on le maintienne, et, en un instant, tout droit, toute notion du juste et du vrai peuvent disparaître en France ; la famille, la propriété, la morale n'ont plus pour base et pour sauvegarde que le hasard ; la société n'est plus régie par des principes éternels, supérieurs, comme le soleil, aux tempêtes et aux orages : son sort est intimement lié à quelques votes de plus ou de moins déposés dans cette urne électorale, véritable outre aux tempêtes, où le suffrage d'un idiot, d'un ivrogne, d'un futur assassin, a juste autant de valeur que celui du citoyen éclairé, vertueux, irréprochable ! ! !

Singulier pays que le nôtre, en vérité, où la force armée est laissée entre les mains de quatre millions d'hommes sur lesquels on ne peut compter, et la souveraineté entre les mains de huit millions d'électeurs qui ne peuvent tarder, personne n'en doute, à en faire un détestable usage !

On a beaucoup crié contre le *privilége* électoral. En définitive, cependant, n'était-il pas juste, n'était-il pas vrai, n'était-il pas nécessaire de ne confier les fonctions électorales qu'à des citoyens que leur fortune ou leur position devait faire présumer avoir acquis assez d'instruction pour être aptes à les exercer dans l'intérêt bien entendu du pays et de la société? Supprimer au contraire toutes les garanties de fortune et de capacité, admettre à l'exercice du *droit* électoral tous les membres d'une nation, quelle que soit leur ineptie, et surtout quel que soit leur intérêt au bouleversement de la société — la misère, hélas! a presque toujours ce caractère —, n'est-ce pas se jeter volontairement dans l'inconnu, dans le vide, ou plutôt dans un précipice trop réel?

Autre considération. Pour que la Chambre des députés soit capable, il faut nécessairement que le corps électoral le soit aussi, car l'incapacité ne peut prononcer sur la capacité, et il est beaucoup plus difficile qu'on ne le croit d'apprécier justement celle-ci; il en est des hommes comme des œuvres d'art, des œuvres littéraires, etc. : le premier venu n'est pas apte à les juger. On s'étonne que l'Assemblée actuelle, composée de 750 membres, compte moins d'hommes capables que nos anciennes Chambres avec leurs quatre cents députés seulement; je m'étonne, moi, qu'elle en compte même quelques-uns; car le suffrage universel c'est la foule, l'ignorance, l'incapacité, l'aveuglement; tant donc qu'on ne reviendra pas au suffrage restreint, c'est-à-dire à l'élite de la nation, on n'aura nécessairement, à quelques exceptions près, que des hommes *de foule* et non des hommes d'élite : il n'est que des arbres cultivés et greffés qui puissent porter de bons fruits.

Ainsi, réduction de la force armée, réduction ou amoindrissement des assemblées représentatives, et enfin réduction du *corps* électoral, telles sont les trois réformes par l'adoption desquelles doit d'abord s'opérer la restauration du Pouvoir.

Sans ces trois réductions, nous verrions ce Pouvoir continuer à résider partout, c'est-à-dire nulle part; il serait toujours disséminé, perdu, sur toute la surface du territoire, tandis qu'il faut qu'il soit concentré sur un seul point; on le verrait, pour ainsi dire, comme aujourd'hui, errer et vaguer çà et là, dans les rues et sur les places, à la recherche d'un homme, comme Diogène; un homme s'appelant Cromwell ou Napoléon.

Un autre caractère essentiel qu'il importe de restituer à l'autorité, c'est la durée. Qu'est-ce qu'un Pouvoir, dans un pays aussi inquiet, aussi remuant, aussi révolutionnaire que le nôtre, dont l'existence est limitée à quatre ans, et ne nous permet ainsi, je crois l'avoir déjà dit, qu'une confiance quadriennale! Sur la foi d'une telle perspective, livrez-vous donc, comme par le passé, aux grandes opérations commerciales et industrielles; fondez des sociétés et des entreprises à long terme; hâtez-vous d'employer vos capitaux à l'acquisition de propriétés que MM. Proudhon, Considérant et Cabet viendront reve diquer peut-être!

Mais, dit-on, si le Président de la République est élu pour dix ans, ou s'il peut être réélu à l'expiration de son mandat, n'est-il pas à craindre qu'il se perpétue ainsi au pouvoir, et que le principe républicain se rapproche par là du principe monarchique ?

Je répondrai : Il ne faut pas craindre que cela arrive, il faut le désirer.

Si la nation réélit son président, c'est qu'elle en aura été satisfaite. Et quant à celui-ci, n'est-ce pas en lui donnant le moyen de se perpétuer légalement au pouvoir qu'on écartera de lui la tentation de s'y maintenir par la violence ? enfin, est-il pour les républicains eux-mêmes, s'ils sont sérieux et de bonne foi, rien de plus désirable que l'amélioration de leur régime, sous celui de ses côtés ou de ses rapports qui effraie le plus la nation ?

Qu'on le remarque bien , toutefois, ce n'est nullement du Président actuel de la République que je me préoccupe ici ; c'est uniquement du principe, et de l'intérêt du pays ; je crois même qu'il y aurait danger, danger grave, à faire concorder cette amélioration avec un intérêt personnel ou avec certaines prétentions déjà beaucoup trop manifestées.

Enfin j'ajouterai que pour être rétabli dans toute sa vérité, dans tous ses moyens d'action, dans sa souveraineté, le pouvoir ne peut, comme aujourd'hui, avoir deux sceptres ou reposer sur deux têtes.

Il lui faut ou l'Unité, ou la Trinité.

On se rend si facilement compte de cette nécessité, qu'il est impossible de comprendre le vote par lequel l'Assemblée constituante a repoussé la création d'une deuxième Chambre. A la bonne heure, si cette Assemblée avait retenu tout le pouvoir en décrétant qu'à elle seule appartiendrait le droit d'élire et de révoquer le Président de la République ; mais abandonnant ce droit à la nation, elle devait immédiatement créer cette Chambre, afin qu'en cas de désaccord on pût trouver ailleurs que dans la rue, ou dans une révolution, le troisième avis, le dernier arrêt ; aujourd'hui, au contraire, qu'un conflit éclate entre les deux pouvoirs, l'Assemblée ne pouvant destituer le Président, et le Président ne pouvant dissoudre l'Assemblée, la solution de la difficulté tombe dans le droit du plus fort ou du plus audacieux, et se trouve dépendre presque exclusivement de la hauteur comparative des fenêtres de l'Élysée et de celles du Palais-législatif.

Pour ne pas partager son autorité, l'Assemblée Constituante s'est refusée à créer une deuxième Chambre ; pour ne pas perdre la sienne, l'Assemblée Législative se résignera sans doute à cette création.

VII

Je crois que ces diverses réformes doivent être opérées avant toutes autres parce que rien n'est plus urgent en effet aujourd'hui que la reconstitution du Pouvoir. Alors seulement qu'il aura été rétabli dans toutes ses conditions, ce Pouvoir sera en mesure d'agir, et pourra marquer tous ses actes de son sceau ou de son caractère, le sceau de la durée et de la vigueur.

Non, non, ne craignons pas de rendre au principe d'autorité tout le terrain que le règne de Louis-Philippe et nos dernières commotions lui ont fait perdre. Ce terrain ne peut être trop étendu, trop vaste. Le Pouvoir est un arbre immense destiné à protéger de son vaste feuillage la société sur laquelle il s'élève. PLUS VOUS LAISSEZ PRENDRE DE DÉVELOPPEMENT A SES RACINES, PLUS SES RAMEAUX S'ÉTENDENT POUR VOUS COUVRIR : L'ABRI DONNÉ PAR SON SOMMET EST TOUJOURS EN PROPORTION DE L'ESPACE OU DU TERRAIN ACCORDÉ A SA BASE; et CET ESPACE, CE TERRAIN, IL A en outre LA SINGULIÈRE PROPRIÉTÉ DE LE CONSOLIDER EN S'EN EMPARANT.

Assurément je n'ai pas la prétention de passer ici en revue, à plus forte raison de traiter à fond toutes les autres réformes, toutes les autres améliorations qu'il y aurait lieu d'introduire dans notre système gouvernemental ou administratif. Je dois me borner à indiquer les principales et les plus pressantes. Ce sont moins, d'ailleurs, les remèdes qui manquent que la volonté et le courage de les appliquer; on se fait volontairement illusion sur la nature et la proximité des écueils au milieu desquels la société se trouve engagée ; et dans leur présomption et leur folie l'opinion publique, la majorité, le Gouvernement s'imaginent pouvoir avec quelques minces holocaustes rassasier et combler un gouffre déjà grand à engloutir le monde.

C'est cet aveuglement qu'il importe surtout de dissiper ; c'est contre ce défaut de courage, cet égoïsme, cette lésinerie dans le bien, que je crois surtout devoir m'élever : sachons donc proportionner la force et la hauteur des digues à la force et à la hauteur des eaux, et ne croyons pas qu'en détournant nos yeux du précipice, nous en détournerons forcément aussi notre marche.

C'est ce qu'on semble espérer cependant.

La banqueroute est imminente ; qui donc y prend garde ?

L'armée et la garde nationale se démoralisent ; qui donc songe à les reconstituer, à les décimer ?

On reconnaît que l'enseignement public est à refaire, à changer complétement, et l'on s'occupe..... de *l'améliorer* !!!

Le travail national demande une garantie, une direction, une sorte d'organisation, une protection efficace ; on s'en étonne, on ne comprend pas... et, sous prétexte de ne point le gêner dans sa liberté, on l'abandonne à lui-même, et on se refuse, parce qu'on ne s'y sent pas apte sans doute, à porter la lumière, l'ordre, la création dans ce chaos.

Le communisme enfin monte, monte ; et, au lieu d'opposer au torrent une digue insubmersible, on attend que l'eau ait fini de couler, ou l'on se contente de planter çà et là, sur son parcours, quelques pieux vermoulus.

VIII

J'entends tous les hommes compétents s'écrier qu'avec notre système financier cette banqueroute est inévitable. Aussitôt le gouvernement de répondre et l'Assemblée nationale de croire qu'il est *impossible* de réduire les dépenses ; qu'il y aurait de trop grands inconvénients à licencier une partie de l'armée, à suspendre certains travaux publics, etc., etc.

Et s'il y a de plus grands inconvénients encore à ne pas le faire ! Car telle est la question.

Notre dette s'est si fort accrue depuis 1830, que la France peut se considérer comme ruinée. Dans cette position, on ne se contente pas de retrancher sur le superflu, on retranche aussi sur le nécessaire.

La réduction de l'armée à deux cent mille hommes choisis, robustes, éprouvés, ayant la conscience de leur devoir et le goût de leur carrière (voir les projets Joffrès, Romanet, Lamoricière, etc.), cette réduction donnerait déjà une économie de 200 millions ; et en la combinant avec le désarmement de la garde nationale et une pénalité excessive contre tout détenteur d'armes de guerre, elle n'offrirait aucun danger pour la paix publique, bien au contraire.

Que de millions pourraient aussi être économisés sur les travaux publics ! N'y aurait-il pas lieu du moins de modifier ces travaux de manière à les rendre productifs d'intérêt ? Car aujourd'hui que rapportent ces monuments splendides dont vous couvrez la France, et surtout les grandes villes et Paris ? Ils rapportent, hélas ! des émeutes, si cela peut se dire, et rien autre, servant comme d'appât ou de prime à l'émigration des campagnes dans les cités et des départements dans la capitale. Vous entassez pierres sur pierres, masses sur masses, étages sur étages, millions sur mil-

lions par conséquent, et *l'opération* est terminée : il n'y a plus ni bénéfices, ni intérêt à toucher ; vous avez pétrifié ces millions, cet or, qui reste-
ront là à jamais stériles ; tandis que vous auriez pu, en les répandant sur
des milliers d'hectares encore incultes, augmenter, bien loin de la diminuer, la richesse nationale, la richesse véritable, qui n'est autre chose que
la production et l'abondance des denrées nécessaires à la vie.

Agissons donc enfin en propriétaires intelligents ; attendons pour em-
bellir notre domaine que toutes les parties en aient été fécondées.

Une nouvelle assiette de l'impôt, la réforme de notre régime hypothé-
caire, la création de banques agricoles ou l'organisation du crédit foncier,
la transformation des assurances, la réduction des emplois et de la bureau-
cratie, la gratuité d'un tiers au moins des fonctions publiques, gratuité qui
aurait en outre l'avantage de dégager singulièrement les abords de la plupart des carrières ; la modification d'un régime pénitentiaire absurde et
ruineux ; l'emploi d'une partie de l'armée aux travaux d'utilité publique,
etc., etc. : que de réformes, que de questions se rattachant toutes à l'amélioration de notre système financier, et qui, malgré leur importance capitale et l'urgence de leur application, n'ont jusqu'ici reçu d'autre accueil de
nos grands hommes d'État qu'un incrédule et dédaigneux sourire, réponse
facile et ordinaire, réponse unique et inévitable de l'impuissance et de la
sottise.

IX

Mais c'est principalement dans la réforme de notre enseignement public,
vicieux de tous points et devant être par conséquent entièrement modifié,
que la France et toutes les classes de la société, notamment les classes
populaires si fort abusées jusqu'ici, peuvent trouver leur salut et rencontrer l'élément principal de leur prospérité. A cette réforme se lie celle de
l'esprit national, par le retour aux croyances religieuses et par une meilleure intelligence des droits et des devoirs de tous. J'y rattache aussi la
question agricole et industrielle, qu'il importe de résoudre dans le sens que
j'ai indiqué au début de cet écrit ; j'y comprends enfin la réforme de la
presse, cette école normale, cet enseignement à tous les degrés, où chacun
peut venir puiser à son gré la foi ou le doute, le calme ou la passion, la
vérité ou le mensonge.

Je ne comprends pas, et j'ai déjà flétri le *juste-milieu* dans l'ordre politique et matériel, je le comprends encore moins dans l'ordre moral.

Le milieu entre le bien et le mal n'existe pas.

De la fusion de ces deux extrêmes ne peut résulter, comme de la fusion de deux métaux, un troisième élément, une troisième combinaison.

LE MILIEU ENTRE LE BIEN ET LE MAL, C'EST LE MAL. En toutes choses, en religion comme en morale, en politique comme en économie politique, TOUTE DEMI-VÉRITÉ EST UN MONSTRUEUX MENSONGE.

Ce principe absolu doit être le point de départ, la pierre angulaire de la société nouvelle ou régénérée. Il doit former le premier article de toutes nos lois, de celle de l'enseignement notamment, que cet enseignement ait pour objet la morale, les sciences, les lettres, l'agriculture, l'industrie, les sciences exactes, le travail intellectuel, en un mot, ou le travail physique. Nul gouvernement, sans doute, ne peut exiger la perfection dans la conduite de ses gouvernés, mais les gouvernés ont le droit de l'exiger dans les intentions de leurs gouvernements. On ne transige pas, en effet, avec l'erreur, avec les vices, avec les mauvaises passions ; on les absout, mais on ne les autorise pas ; agir autrement, comme on l'a fait surtout depuis 1830, ce n'est pas être tolérant, c'est être immoral ; et il faut avoir le courage de ne plus l'être, c'est-à-dire de ne plus transiger.

On peut dire que l'éducation, bien autrement importante cependant que l'instruction, est complétement omise en France aujourd'hui.

L'instruction seule se distribue dans nos colléges et nos écoles, et quelle instruction ! Inutile ou nuisible, je ne puis la définir autrement ; tel est, du moins, son caractère général.

A quoi sert aux neuf dixièmes des jeunes gens sortis des établissements d'instruction secondaire l'étude du latin et du grec, de la mythologie, de la littérature, et de l'histoire elle-même comme on la leur enseigne ?

Egalement, que produisent les écoles primaires parmi les enfants du peuple, si ce n'est le mépris et le dégoût de la profession paternelle, de la profession agricole surtout ; et un désir désordonné, une ambition universelle et si rarement justifiée de s'élancer à tout hasard aux premiers degrés de l'échelle sociale ?

Sous un autre point de vue, n'est-ce pas aussi le comble de la folie, je dirais volontiers de la stupidité, que cette instruction publique, secondaire ou primaire, qui est la même pour tous, comme si tous devaient embrasser la même carrière !

Ne devrait-elle pas se fractionner, se spécialiser ?

Eh ! quoi ! voilà, dans un collége, quatre cents élèves se destinant à vingt, trente, quarante professions différentes ; et on leur enseigne à tous exactement les mêmes choses ! Aucun peut-être, en outre, ne se destine à être écrivain, et l'instruction qu'on leur donne est purement littéraire !!!

Et en l'an de grâce 1844 ou 1845, devant la Chambre des Députés, devant les représentants de la nation dite la plus spirituelle de la terre, un des hommes *éminents* de ce pays-ci proclame, dans un rapport écouté, applaudi même, qu'il ne faut pas changer un iota au système universitaire ou à notre mode d'enseignement ; que hors du grec et du latin point de salut ; que c'est là la seule instruction bonne, utile, profitable ; c'est-à-dire qu'on ne peut-être bon officier, bon général, bon marin, habile négociant, expert agriculteur, savant chimiste, parfait apothicaire, ingénieur, architecte, fabricant, etc., etc., sans avoir consacré, perdu, dix années de sa vie, les plus belles incontestablement, celles qui nous auraient plus que suffi pour faire les études spéciales les plus complètes et les plus vastes, à apprendre fort imparfaitement deux langues mortes qui ne peuvent plus même nous guider, comme par le passé, dans l'étude et l'exercice de la nôtre, assez avancée aujourd'hui, assez riche en chefs-d'œuvre de toutes sortes pour pouvoir se servir à elle-même de type ou de modèle !

Et remarquons qu'il ne s'agit encore ici que des jeunes gens appartenant aux classes élevées ou moyennes de la société.

Pour les enfants du peuple, c'est-à-dire, quant à l'instruction primaire, mêmes erreurs, mêmes absurdités, ou, plutôt, erreurs et absurdités plus grossières encore. Cette instruction primaire, en effet, est presque exclusivement littéraire aussi, quoique à un degré moins parfait ; elle est l'appendice et comme la pépinière de l'instruction secondaire, qui semble croire, à chaque recrue qui lui arrive, avoir fait l'acquisition d'un de ces génies ignorés, indispensables à la gloire et au bonheur de la patrie.

Ainsi, à voir fonctionner ces deux enseignements, on dirait que la France n'est préoccupée que d'une seule crainte : celle de manquer, à un jour donné, de poëtes, d'avocats, de romanciers, d'auteurs dramatiques, de bureaucrates, de solliciteurs d'emplois, de novateurs, de chefs de partis ou d'émeutes, etc.

Rappelons donc ici quelques principes, quelques axiômes sociaux que semblent méconnaître à plaisir, malgré leur importance fondamentale, la plupart des hommes qui se sont occupés de la question de l'enseignement. Et puissent nos gouvernants, si nous sommes assez heureux pour avoir rencontré la vérité, être enfin assez courageux, assez résolus pour l'appliquer et la faire prévaloir, quelque froissement qui en puisse résulter pour certains intérêts ; intérêts bien petits et bien peu dignes d'attention devant l'intérêt général : voilà assez longtemps, ce me semble, qu'on sacrifie celui-ci pour ménager ceux-là.

⊛

L'élévation doit être le *droit*, mais elle ne doit pas être la *règle*. Elle ne doit être que l'exception, et la raison en est toute simple : c'est que les esprits transcendants sont eux-mêmes exceptionnels ou fort rares.

Il n'y a évidemment place que pour quelques-uns au sommet de la société : il ne faut donc pas y appeler tout le monde.

⊛

L'instruction publique doit se proposer, non le déclassement des individus, mais l'amélioration de la position dans laquelle ils sont nés, et leur maintien dans cette position aussi améliorée que possible. Rendez la condition de chacun supportable, vous aurez le droit d'exiger que chacun reste dans sa condition. Il faut des travailleurs, et il en faut beaucoup ; il ne faut donc pas vouloir que tout le monde soit bourgeois.

⊛

Aujourd'hui l'instruction professionnelle est l'exception, et l'instruction littéraire la règle ou la généralité : il faut changer cela, et qu'à l'avenir l'instruction professionnelle soit la généralité, et l'instruction littéraire l'exception.

⊛

Il en est de la société comme du sol. Elle se compose de couches différentes et superposées ayant chacune, en quelque sorte, leur mission, leur spécialité, leurs conditions d'existence et de production. Si, par un mauvais système d'enseignement, vous intervertissez l'ordre naturel et primordial, si vous amenez imprudemment à la surface certaines couches inférieures faites pour rester à l'ombre, vous portez aussitôt et pour très-longtemps sur tout le sol, comme il arrive en agriculture, le trouble et la stérilité.

Ainsi, en croyant faire de la justice, vous ne faites que du désordre. Vous pensiez enrichir le pays, vous l'appauvrissez.

⊛

L'instruction la plus dangereuse que l'on puisse donner au peuple, c'est l'instruction politique. Nous pourrions dire en effet de cette instruction à peu près ce que Pascal disait de l'instruction religieuse :

« Une demi-instruction religieuse, disait-il, conduit l'homme à l'athéisme ; une instruction complète le ramène à Dieu. »

UNE DEMI-INSTRUCTION POLITIQUE, dirons-nous, CONDUIT L'HOMME A L'ANARCHIE ; UNE INSTRUCTION COMPLÈTE LE RAMÈNERAIT A L'ORDRE.

Mais cette instruction politique complète n'est pas possible à l'égard des masses ; il faut donc se borner envers elles, ET DANS LEUR INTÉRÊT, à une éducation morale et civilisatrice d'abord, industrielle ou agricole ensuite.

❁

Quoi qu'on dise, quoi qu'on fasse, il y aura toujours dans la société trois rôles ou trois fonctions bien distinctes, trois classes par conséquent.

Il n'est pas en effet de société possible sans hiérarchie. Que cette hiérarchie soit le résultat du hasard ou des lois, peu importe, elle est nécessaire, elle est réelle. Il faut dans toute nation une *aristocratie* qui gouverne, un peuple qui travaille et qui produise, une bourgeoisie qui remplisse, entre l'aristocratie et le peuple, le rôle utile et honorable que nous allons rappeler.

L'aristocratie, qu'elle soit aristocratie par la naissance, par la fortune, par le talent ou par l'élection, doit être peu nombreuse ; la bourgeoisie doit naturellement l'être davantage, mais il y a un immense danger à ce qu'elle le soit trop ; enfin le peuple doit être en immense majorité, et peut même sans inconvénient, sous un gouvernement habile, être innombrable.

Effectivement le peuple crée ou produit les choses nécessaires à la vie ; c'est à son travail que sont dues les richesses véritables, les valeurs réelles. Ce travail ne peut donc être trop considérable, ces richesses ne peuvent sortir de ses mains en trop grande abondance ; l'important seulement est que cette production ait surtout pour objet les matières premières, et soit, en tout cas, surveillée et dirigée de manière à concorder parfaitement avec les besoins de la consommation. Il est possible d'obtenir ce résultat.

La bourgeoisie au contraire ne produit pas. Elle consomme plutôt, tantôt avec profit, tantôt avec perte pour la société. Le travail, bien plus intellectuel que manuel, auquel se livre un grand nombre de ses membres, n'est pas un travail créateur ; il n'enrichit pas, à proprement parler, le pays. Il s'exerce, il est vrai, sur une multitude d'objets ; mais il emploie un petit nombre d'individus, n'embrassant que des spécialités en général peu élastiques. Par ces motifs, il y a péril, péril grave, imminent, quand la bourgeoisie est trop nombreuse, comme il arrive aujourd'hui : toutes les professions libérales se trouvent alors encombrées ; les emplois publics sont comme livrés à l'assaut et au pillage ; les profits du commerce et de toutes les industries se divisent, se fractionnent tellement que la part de chacun se réduit presque à zéro : la bourgeoisie, en un mot, ne peut plus trouver dans ses fonctions naturelles des moyens d'existence. Et alors la machine trop pleine, trop comprimée, éclate en révolutions : car, remarquons-le bien, ce n'est pas le peuple resté peuple, si l'on peut parler ainsi, qui fait ces révolutions ; c'est le peuple devenu bourgeois ; le peuple arraché au travail manuel qui le faisait vivre, pour être précipité dans les carrières dites libérales où il ne rencontre que la misère et la faim ; en sorte que, ne voulant pas redescendre, il n'a plus, il ne veut plus avoir du moins qu'un moyen de salut : attaquer cette société qui l'a trompé, et tâcher de s'y faire place par la violence en se faisant aider de ce peuple resté peuple qui se laisse leurrer à son tour par son exemple et ses excitations.

En dehors de cette situation, du reste, de ce péril, le rôle de la bourgeoisie est vraiment beau. Elle perfectionne et complète le travail du peuple ; elle écoule ses produits ; elle lui prête, et cela à ses seuls risques, le peuple l'oublie trop souvent, le concours de ses capitaux et de ses lumières ; elle traite les affaires ; elle facilite les transactions ; elle élève et instruit la jeunesse ; elle cultive les arts, les sciences, etc. Elle est l'espérance de ceux qui travaillent, la récompense de ceux qui ont travaillé, le réservoir dans lequel l'aristocratie, quand elle est intelligente, vient au besoin se retremper. Elle est le milieu qui lie entre elles toutes les parties de l'édifice, elle est le tronc qui transmet au sommet de l'arbre l'excédant des sucs de la terre, afin que ce sommet puisse tout abriter, tout protéger autour de lui.

Quant à l'aristocratie, elle doit évidemment se composer d'un petit nombre d'individus, du moins en proportion des autres classes. A elle principalement doit être dévolu, dans l'intérêt de tous, DU PEUPLE SURTOUT, le gouvernement du pays. Elle peut en effet y consacrer tout son temps, tout son savoir, toute son indépendance de position et de caractère ; et, quant au peuple, il a bien plus à espérer d'elle que de la bourgeoisie ; car elle n'a pas avec lui, comme celle-ci, des relations d'intérêt directes, elle n'exploite pas son travail, elle ne s'enrichit pas de la réduction ou de l'insuffisance de ses salaires ; elle a avec lui en outre une communauté de sentiments nobles, désintéressés, élevés, patriotiques, que l'esprit mercantile, l'intérêt de son négoce, ses occupations et ses calculs semblent avoir éteints chez une portion de la bourgeoisie.

Que le peuple donc, que personne du reste, ne s'effraie de ce mot : aristocratie. La noblesse, comme corps, comme institution, n'est plus possible en France ; mais malgré tous les efforts et toute la haine ridicule des démagogues, l'aristocratie y subsistera toujours, ne fût-ce que pour les recevoir dans son sein lorsqu'ils s'en seront assez rapprochés pour désirer d'en faire partie. Seulement, l'aristocratie autrefois, c'était excusivement la noblesse ou la naissance; ce sera aujourd'hui la naissance, les grandes positions, les talents éminents, les grandes fortunes, les hautes fonctions, les illustrations, etc. , etc. ; aristocratie mouvante, on le voit; aristocratie à temps ou à vie; mais aristocratie accessible à tous, et ne pouvant plus être par conséquent honnie par personne; aristocratie nécessairement capable et éminente, et parfaitement digne par conséquent de tenir et de diriger les rênes de la société et de l'État [1].

Telles sont les exigences sociales dont l'enseignement public doit avant tout se préoccuper; il faut qu'il accepte toutes leurs conséquences et concoure même ardemment à leurs satisfactions ou à leurs fins.

Du jour où ces trois classes viendraient à disparaître ou à se fondre en une seule, la société, qui n'est autre chose que leur réunion et leur maintien dans des conditions plus ou moins rigoureuses, disparaîtrait elle-même.

C'est en grande partie pour avoir méconnu ces principes innés que la monarchie de Juillet est tombée; et si nous n'avons ni l'intelligence ni le courage d'agir autrement qu'elle, nous tomberons comme elle, et pour ne pas nous relever sans doute; car la société tombera par-dessus nous.

Je ne pense pas avoir à m'étendre sur l'importance des croyances religieuses, suffisamment comprise par tous les hommes éclairés et de bonne foi. C'est par elles que doit commencer l'éducation publique dans tout pays ayant la prétention de ne plus appartenir à l'état sauvage. Elles ne sont pas seulement nécessaires au maintien des nations et des sociétés, elles le sont aussi et surtout au bonheur de l'individu. Le doute est essentiellement corrosif. Dès que ce ver monstrueux s'attaque à l'homme, il dévore son cœur et son âme; et cet homme dépouillé de ses croyances n'a plus rien qui le distingue de la brute: car l'intelligence sans foi, ce n'est plus que l'instinct animal; c'est l'affreux égoïsme en outre, c'est le moi; et dès lors plus de sympathie, plus d'assistance mutuelle, plus de charité, plus d'abnégation d'un côté et de résignation de l'autre, plus de compassion, de bienveillance, de devoirs ; plus de sacrifices réciproques en un mot, c'est-à-dire, plus de société, partant plus de bonheur.

On a dit que la religion était surtout bonne pour le peuple, et l'on a dit, sans le savoir ni le vouloir, la vérité. C'est avant tout pour lui en effet ou dans son intérêt — le Christ l'a assez souvent proclamé — qu'elle a été établie. Elle l'a émancipé. D'esclave qu'il était, elle l'a fait homme. Elle a rendu le plus petit l'égal du plus grand, créant en outre la charité, cet amour de l'humanité inconnu des anciens, ce lien d'affection mutuelle, cette association volontaire, et obligatoire néanmoins, entre le riche et le pauvre,

Si la société penche aujourd'hui vers l'abîme, c'est que ce lien ne la retient plus. Si ses membres sont divisés par les haines et l'envie, c'est que l'incrédulité et le matérialisme ont brisé ce lien qui les unissait.

Oui, il faut à tous des croyances religieuses ou une foi :

Aux gouvernants, pour être justes et paternels, pour respecter nos droits et se préoccuper de nos besoins ;

Aux gouvernés, pour comprendre et pratiquer leurs devoirs, tout aussi nombreux au moins que leurs droits ;

Aux pères de famille, pour savoir qu'ils sont responsables devant Dieu, et au même degré, du bonheur de chacun de leurs enfants ;

Aux enfants, pour respecter, et, au besoin, soutenir ceux à qui ils doivent la vie ;

Aux riches et aux forts, pour ne jamais se lasser de donner et d'aider :

Aux pauvres et aux faibles, pour se résigner au travail et être reconnaissants de l'aumône et de l'assistance, dont ceux-là seulement doivent rougir qui la réclament sans nécessité ;

Aux nations, pour conserver leur patriotisme ;

Aux sociétés, pour garder leur civilisation.

Et maintenant est-il nécessaire de dire à qui devra être confié le soin de répandre et de conserver ces croyances religieuses ? N'est-il pas évident que ceux-là seuls qui les possèdent encore et ne peuvent même les aliéner doivent être chargés de cette capitale mission ? Que m'importent votre Philosophie, et vos ménagements pusillanimes à garder envers ses exigences et envers les esprits-forts d'estaminet et de bagne dont elle a infesté la France ! Ce qui m'importe, c'est le salut de mon pays et de ma civilisation ; salut impossible sans un retour immédiat et général aux croyances religieuses : ce retour, prenez donc les seuls moyens qui peuvent l'assurer.

Vous parlez d'instruction obligatoire et gratuite ! C'est cette éducation religieuse qu'il faut rendre obligatoire, qu'il faut donner gratuitement à toute la nation. C'est cette éducation que la Société doit à ses membres, et non cette demi, ce semblant d'instruction qui ne fait que des sots, des incrédules, des présomptueux et des anarchistes.

Mais ici encore, le courage manquera aux plus braves. Nous venons de le voir. C'est la Majorité elle-même qui a *enterré* le nouveau projet de loi destiné à améliorer l'enseignement public. Hélas ! ils sont là deux cents au moins, ayant encore peur des corporations religieuses et des *envahissements* du clergé ; eh ! de grâce ! pourtant, messieurs les philosophes du parti *conservateur,* ne soyez pas religieux si vous voulez, mais soyez intelligents.

Ce que j'appellerai la réforme du travail national se lie intimement à la réforme de l'instruction publique. C'est bien certainement à la nature de l'enseignement donné dans nos écoles primaires que doivent surtout être attribués la désertion du travail agricole, le dépeuplement des campagnes, l'encombrement des villes, la pléthore des manufactures, l'exagération, fertile en crises commerciales et politiques, de la production industrielle.

J'ai peu de choses à ajouter, du reste, à ce que j'ai dit, au commencement de ce livre, sur l'indispensable nécessité d'une réaction bien caractérisée en faveur des intérêts de l'agriculture. Encouragez, protégez d'une manière efficace, excessive s'il le faut, cette branche principale, cette branche-mère de l'industrie nationale : dans toutes les questions d'impôts, de douanes, de finances, de travaux publics, de traités commerciaux, d'échanges internationaux, etc., etc., ayez toujours et principalement en vue la prospérité de la propriété territoriale et des vingt-cinq millions d'hommes qu'elle occupe et dont il faut s'efforcer d'accroître le nombre bien loin de le diminuer ; organisez l'instruction populaire de telle sorte qu'elle donne, qu'elle laisse du moins aux populations des campagnes le goût de leur carrière, assez bien protégée elle-même pour pouvoir toujours suffire à leurs besoins et les détourner des manufactures et des villes, c'est-à-dire de la misère et de l'émeute ; et cet ordre, cette classification partout nécessaires, vous les rétablirez dans le travail comme dans la société : mieux distribué, ce travail sera plus fécond ; mieux dirigée, cette société sera plus heureuse.

Que si cette réaction dans le travail national s'opère trop lentement, laissant debout les dangers qu'on se propose d'abattre, pourquoi suspendre plus longtemps l'examen et la discussion approfondie de la question de la liberté du travail ? La suppression complète des maîtrises et des corporations fut-elle, oui ou non, une bonne mesure ? Ne détruisit-elle pas en son germe la seule organisation réalisable du travail ? Ne porte-t-elle pas trop exclusivement le ridicule cachet de notre siècle révolutionnaire, se préoccupant beaucoup plus, dans sa sottise, des libertés inutiles du peuple que de sa nourriture et de son bien-être ! Quels que soient les préjugés de notre époque, si l'ancien état de choses était démontré meilleur, il faudrait bien se résigner à y revenir, en le modifiant toutefois au besoin ; la lâcheté ici encore serait de ne pas vouloir reculer : il n'y a pas toujours courage à aller en avant, et bien souvent il y a sottise.

Enfin, ai-je dit, à cette question de l'enseignement se rattache aussi la question de la liberté de la presse.

Il en est de cette liberté comme de toutes celles dont nous jouissons. Elle doit être admise en principe et dans les limites que s'impose toujours et en tout, en se développant, la raison humaine. Sagement réglée, en effet, cette liberté ne peut produire que de bons résultats, et les gouvernements eux-mêmes sont fortement intéressés à la maintenir : pulsation continue de l'opinion ou de la pensée publique, elle est pour eux un guide, un phare certain qui leur montre toujours où est le pays, où est la majorité ; c'est une boussole à l'aide de laquelle des ministres intelligents peuvent toujours éviter de faire fausse route, et parvenir même, comme Colomb, à découvrir de nouvelles terres.

Mais si la liberté de la presse peut exister sans de grands périls et même avec d'incontestables avantages dans des temps ordinaires et sous un gouvernement assez solidement assis et assez fort par son principe pour se montrer tolérant, il est de toute nécessité qu'elle soit réduite et énergiquement contenue dans les moments ou dans les époques de crise, et sous un régime qui, à peine établi et déjà faible par lui-même, ne peut évidemment prendre racine au milieu des assauts et des tempêtes.

Or, qui pourrait le nier ? nous traversons en ce moment une de ces époques critiques : nous devons donc subir les conséquences de notre situation.

Et qu'on ne dise pas que la bonne presse peut détruire l'effet de la mauvaise. Malheureusement cela n'est pas et ne peut pas être. L'écrivain qui s'adresse aux passions est toujours bien mieux écouté que celui qui fait appel à la raison, et après avoir lu un journal démagogique on ne va pas en chercher la contre-partie ou la réfutation dans un journal conservateur. De même des livres et des écrits de toutes sortes, répandus avec un zèle persistant qui démontre suffisamment à lui seul l'importance et le succès de cette propagande.

En résumé, la liberté de la presse n'est-elle pas aujourd'hui plus nuisible qu'utile ; et les libertés plus nuisibles qu'utiles ne doivent-elles pas être restreintes ? c'est là la question qu'il faut examiner, et non celle de savoir si *nos mœurs constitutionnelles,* comme on le disait sous Louis-Philippe, *nous obligent à des ménagements et à des égards* envers ces conspirateurs de profession qui ne veulent tout renverser que parce qu'ils espèrent découvrir dans les décombres de la société quelque trésor qui les enrichisse.

Car vous tous qui demandez sans cesse tant et de si grandes libertés, s'il vous plaît, qu'en voulez-vous faire ?

Cette liberté de tout dire, notamment, la demandez-vous dans l'intérêt de la nation, qui n'en a que faire, ou dans celui de votre fortune ou de votre ambition personnelle ?

Je vois bien tous nos aventuriers politiques, tous nos fabricants d'é-meutes, tous nos pillards, à quelque école qu'ils appartiennent, tous nos écrivains rouges et communistes réclamer ardemment, et, qu'on me passe le mot, en battant la grosse caisse sur le peuple, cette liberté illimitée ; mais l'ouvrier honnête, le cultivateur probe, la partie vraiment laborieuse de la nation, le vrai peuple enfin, s'en inquiètent-ils seulement, savent-ils même ce qu'on en peut faire ?

Et vous n'osez priver ces quelques hommes de la liberté de tout dire et de tout écrire ! Leur misérable intérêt vous fait oublier l'intérêt général ! Vous pourriez les frapper d'impuissance, et vous les atteignez seulement de peines illusoires ![1] Ah ! que vous méritez bien d'être incendiés, vous qui vous contentez ainsi de cracher sur le feu pour l'éteindre.

Ces prédicateurs, ces novateurs, la plupart imbéciles, sont-ils de bonne foi et véritablement mus par l'intérêt du peuple, Pardonnez.

Ne veulent-ils, au contraire, qu'exploiter ce peuple et s'en servir comme d'une échelle pour monter à l'assaut et au sac de la société, Sévissez.

Sauvegarder toutes les autres libertés, toutes les libertés nécessaires, utiles, telle est la mission, tel est le grand avantage de la liberté de la presse : or, la presse modérée pourra toujours suffire à cette mission et nous donner cette garantie.

---

[1] On sait que M. Proudhon a été condamné à plusieurs années de prison pour ses articles dans le journal *le Peuple,* et qu'il subit en ce moment sa peine. Pourquoi cet emprisonnement ? Apparemment pour punir cet écrivain et l'empêcher de nuire. Que fait-on, cependant ? On lui laisse toute liberté d'écrire de nouveau dans son nouveau journal la *Voix du Peuple.* Voilà plusieurs mois que cela dure. Je ne veux aucun mal à M. Proudhon, quoiqu'il demande ma tête tous les jours, tout petit propriétaire que je suis ; mais je me sens, je l'avoue, un profond dégoût pour un ordre de choses qui comprend ainsi ses devoirs, et je désespère d'une société qui entend et pratique ainsi son droit de défense.

Je ne puis me défendre de citer ici deux faits fort significatifs :

Après la tentative du 13 juin dernier, les journaux démagogiques et communistes furent suspendus. Aussitôt la France, et particulièrement Paris, de renaître au calme et à la confiance : les affaires reprennent leur essor ; les passions politiques s'apaisent comme par enchantement ; les lecteurs habituels des feuilles anarchiques, obligés de s'en tenir à la presse modérée, reviennent à des idées plus saines, à des sentiments meilleurs. Tout à coup la suspension de ces journaux est levée : immédiatement reparaissent l'inquiétude, l'agitation, l'irritation des esprits, les discussions violentes et haineuses.

L'autre fait est relatif à l'Assemblée nationale. Pendant tout le mois de septembre, cette Assemblée s'est abstenue de siéger, non qu'elle eût besoin de repos , mais uniquement, elle l'a déclaré, parce qu'elle était au bout de son programme ; ce qui démontre assez clairement, soit dit en passant, l'inutilité de sessions aussi prolongées. Eh bien ! pendant cette autre suspension, quel calme encore dans le pays ! Pendant le silence des débats parlementaires, quel silence dans les débats de la foule, dans les passions, que ne tenait plus éveillées le bruit incessant sorti de cet antre de Vulcain où tant de cyclopes, hélas ! forgent les foudres révolutionnaires. On se sentait à l'aise, on respirait. On ne s'abordait plus le poing fermé, le regard enflammé. Volontiers on se fût tendu la main. Le peuple, en un mot, paraissait être bien plus en *vacances* encore que ses représentants. Mais tout à coup la sonnette de M. Dupin s'est fait entendre : plus de joie aussitôt, plus d'entrain, plus d'espérances, plus de projets d'avenir ; l'heure du repos, du calme, était expirée ; et la lutte a recommencé, en effet, plus vive, plus acharnée que jamais ; lutte au dedans, et lutte au dehors.

Que conclure de ces deux faits ? Apparemment que la liberté illimitée de la presse et la publicité des débats parlementaires (pour ne pas dire l'existence des assemblées politiques elles-mêmes) n'ont pas le degré d'utilité, les avantages inappréciables qu'on leur attribue.

Je crois, en outre, la liberté de la presse bien plus incompatible encore avec la république qu'avec la monarchie. Elle est en tout cas bien moins nécessaire, et cesse, pour ainsi dire, d'être logique, sous un gouvernement résidant, comme le gouvernement républicain, entre les mains de tous : un peuple peut avoir à se défier des projets *liberticides* de ses souverains, mais évidemment il ne peut avoir la même défiance contre lui-même.

Je me trompe peut-être, mais il me semble que la France commence enfin à comprendre que la réduction de quelques-unes de ses libertés est aujourd'hui son premier besoin et son seul moyen de salut. Elle voit que s'il est des libertés nécessaires, il en est de dangereuses et d'inutiles ; que s'il

en est de vitales, il en est de mortelles, pour elle surtout ; elle connaît
mieux sa nature, son caractère, son tempérament, qui lui font une obligation impérieuse de s'astreindre, sous ce rapport, à un régime sévère et à la
privation rigoureuse de tout superflu ; elle se résignera donc à toutes les
exigences de sa situation et de ses dangers, et cette réduction lui coûtera
d'autant moins qu'elle peut aujourd'hui l'opérer elle-même par sa seule volonté et de ses propres mains.

X

Une autre réforme qu'il serait indispensable aussi d'opérer, c'est celle
de notre régime pénitentiaire.

Notre civilisation excessive, ou plutôt l'idée fausse en tant de points que
nous nous faisons de la civilisation et des *obligations de douceur et d'humanité* qu'elle impose, nous a fait tomber, sous ce rapport, dans un abus,
dans une exagération dont il ne faut pas nous dissimuler le péril.

Trop sévère pour des fautes minimes ou excusables, notre législation
pénale est loin d'être assez rigoureuse pour les délits et les crimes d'une
gravité réelle. Nous semblons, dans la rédaction de ses articles, nous être
beaucoup plus préoccupés du sort et du bien-être des criminels que de la
conservation et des intérêts de la société. Nous sacrifions ainsi l'honnête
homme à l'homme coupable. Nous laissons dans la misère, dans les privations de toutes sortes, le citoyen vertueux qui a résisté à toutes les tentations de cette misère et de ces privations; et le criminel qui viole toutes les
lois divines et humaines, nous prenons de lui un soin extrême, le logeant,
le nourrissant, l'habillant, — à grands frais, cela va sans dire, — dix fois
mieux que n'est logé, nourri et vêtu le paysan ou l'ouvrier. Nous le privons
bien de sa liberté, c'est vrai ; mais il faudrait aussi le priver de son bien-
être. Sans cela il n'y a pas punition, il n'y a pas intimidation. En résumé,
notre code pénal aujourd'hui n'effraie personne ; je me trompe, il effraie
les honnêtes gens, fort justement alarmés des encouragements par trop
excessifs qu'il offre aux malfaiteurs ou à ceux qui sont tentés de le devenir.

Qu'il me soit permis de citer un exemple de l'efficacité des fortes peines.
En Suisse, dans certains cantons du moins, un vol de plus de 20 francs
était, il n'y a pas de bien longues années encore, puni de mort. Eh bien !
dans ces cantons, rien de plus rare qu'un vol de quelque importance ; des

générations entières disparaissaient sans avoir été témoins de ce phéno-
mène.

Mais c'est principalement pour les délits et les crimes politiques que
notre législation pénale est d'une insuffisance manifeste. L'attaque à main
armée contre la société ou contre la nation est punie en France aujour-
d'hui beaucoup moins sévèrement que l'arrestation d'une diligence ou la
fabrication d'nne fausse pièce de monnaie. Il y a avantage, il y a tout profit
à tuer son pays plutôt que son voisin. Crime politique! s'écrie-t-on. Baga-
telle donc! égarement de jeunesse! ivresse d'un moment! De même un jour-
naliste excite toute une population au pillage, à l'incendie, au meurtre: bien
autrement indulgent envers lui qu'envers le complice d'un guet-apens ou
d'un vol par escalade, on ne le condamne qu'à quelques mois de prison ;
et, dans cette prison, on lui laissse toute liberté d'écrire et de publier de
nouveau ses élucubrations incendiaires, on lui fournit encre et papier, on
porte ses articles à son journal; on lui donne avec une complaisance char-
mante tous les moyens, toutes les facilités désirables pour achever, pour
parfaire, pour polir son crime!!!

Je prétends qu'à une époque de crise comme celle que nous traversons,
cette insuffisance pénale est plus que dangereuse, elle est mortelle. N'oublions pas que depuis le 24 Février, la société est, à proprement parler,
en état de siége. Ce serait donc plutôt une juridiction militaire qui devrait
y prévaloir aujourd'hui, et, à ce propos, ne pourrait-on se demander s'il
ne conviendrait pas que les nations, les nations républicaines surtout, eussent deux législations pénales, celle de paix et celle de guerre; une législation pour les temps de calme ou réguliers, une législation pour les jours
de crise et d'effervescence? La liberté elle-même y gagnerait, car cette
double législation rendrait inutile le recours aux dictatures, toujours si dangereuses.

Et parce que je m'exprime avec cette franchise, qu'on ne se hâte pas de
m'accuser d'inhumanité. Je serais peu touché de ce reproche. En réclamant
l'aggravation de notre code pénal et de notre régime pénitentiaire, je me
crois beaucoup plus humain que ces prétendus et myopes philanthropes
toujours prêts à verser des larmes sur le sort des grands criminels, repen-
tants ou non ; je me place, en effet, au point de vue de l'humanité tout entière, de l'humanité honnête, et ils ne veulent voir, eux, que l'*infortune* de
quelques hommes qui ont même momentanément cessé de l'être ; je ne puis
admettre, en outre, que ce soit précisément dans un siècle incrédule, cor-
rompu, révolutionnaire, athée presque, qu'il faille se relâcher d'une sévé-
rité jugée nécessaire en des temps de foi et de subordination.

Réduire le danger qu'il peut y avoir à conspirer, c'est évidemment encourager les conspirations.

Restreindre la pénalité, c'est élargir le crime.

Comment une société ne serait-elle pas prise d'assaut quand elle laisse tomber en ruines, bien loin de la fortifier, la législation pénale qui la garde? Ne sait-on pas qu'il y a aujourd'hui en France deux cent mille hommes sortis des prisons et des bagnes, et que cette armée, toujours prête à fondre sur la société, s'accroît chaque année de vingt mille recrues, dont l'instruction s'est faite aussi dans ces terribles écoles?

XI

Enfin, une dernière réforme à accomplir, c'est celle de notre système administratif et de nos emplois publics. Notre centralisation est exagérée, et, par conséquent, abusive ; notre administration est impuissante et beaucoup trop compliquée ; nos fonctions publiques, une fois trop nombreuses, ruinent le pays.

Ce sont là des faits : il n'y a pas à les prouver.

Ces fonctions, en outre, par l'appât qu'elles offrent aux ambitions de tous les étages, sont un immense danger pour l'ordre social et pour le gouvernement lui-même. La carrière administrative n'est plus aujourd'hui qu'une profession libérale ouverte non à l'élite de la nation, mais à la foule, qui s'y précipite comme à l'assaut d'une place dont le pillage lui a été en quelque sorte promis par cette éducation détestable que nous avons déjà essayé de flétrir. Obtient-on l'emploi auquel on aspire, on est homme de gouvernement, on est conservateur. Ne peut-on, au contraire, y parvenir, on reste ou l'on devient révolutionnaire. Et, comme il y a mille compétiteurs pour un preneur, il y a mille révolutionnaires pour un conservateur. Car s'emparer des principales fonctions, des meilleures places, tel est le mobile, le but unique, à bien peu d'exceptions près, de nos faiseurs de révolutions ; tels sont les *besoins populaires* pour lesquels ils demandent si énergiquement satisfaction ; telle est la cause première de nos luttes et de nos commotions politiques, y compris, bien entendu, 1830 et 1848.

A ce péril vient s'en joindre un autre. Je veux parler de l'immobilité forcée, malgré sa lutte incessante, du gouvernement ou du pouvoir, par suite des tiraillements, de la perte de temps et de forces, des attaques réitérées, des surprises, des trahisons, des violences, des empêchements de toute nature que lui valent des millions de solliciteurs, grands et petits, l'étourdissant, l'assourdissant, le menaçant, le tirant en quelque sorte aux bras et aux jambes, lui arrachant, de guerre lasse, des choix détestables, des lois incomplètes, des mesures irréfléchies, et le tenant toujours ainsi à mille lieues des intérêts et des affaires du pays.

Il est de la dernière urgence de porter remède à cet état de choses.

« *La mendicité est interdite.* » Il faut placer cet écriteau aux portes de tous nos ministères et aux abords du palais de nos représentants, comme aux carrefours de nos routes et à l'entrée de nos villes; il faut repousser tous ces méndiants éhontés, aussi habiles à contrefaire les capables, que leurs confrères de la cour des Miracles à simuler les impotents.

Un des meilleurs moyens pour arriver à ce résultat, c'est de *frapper de gratuité* la moitié au moins des emplois publics.

Il est une foule de fonctions, en outre, qu'on pourrait supprimer. Nos cadres administratifs, comme les cadres de notre armée, sont d'une dimension aussi ridicule que ruineuse, et pourraient être réduits presque de moitié.

Pourquoi aussi ne pas convertir les traitements attachés à un grand nombre d'emplois en une distinction, en une décoration, en certains avantages et priviléges ?

Pourquoi ne pas faire de ces emplois non rétribués l'échelon nécessaire (sorte de surnumérariat) ou le premier degré des emplois rétribués ?

Pourquoi, dans une multitude de cas, ne pas remplacer le traitement par une simple indemnité destinée à couvrir le surcroît de dépenses nécessité par la fonction dont on est revêtu ?

On donne de gros appointements et une faible retraite; il faudrait donner des appointements minimes et une retraite considérable, afin de récompenser surtout les longs services, les services réels, *les services rendus.*

En résumé, le nombre des aspirants au pouvoir et aux emplois publics étant mille fois trop grand, il faut, jusqu'à ce qu'il soit tellement diminué que l'État puisse craindre de *manquer* bientôt de solliciteurs, réduire de jour en jour l'attrait ou les séductions de ce pouvoir et de ces emplois: l'État n'a pas à redouter, de longtemps encore, du reste, cette disette fortunée.

Mais ce sont principalement les hautes fonctions qu'il faudrait rendre moins désirables. Comment ne pas envier le pouvoir quand on le voit entouré de tant de luxe et de toutes les jouissances, de toutes les séductions imaginables? Le *fardeau* des affaires est une vieille locution qui pourrait être remplacée par celle-ci : le charme, le profit, le *repos* des affaires. C'est

là en en effet un *poids* qui n'effraie plus personne, les faibles moins encore
que les forts ; et, au fait, que sont aujourd'hui nos ministres, sinon de véritables rois fainéants honorant beaucoup plus souvent de leur présence
leurs salons dorés, leurs salles à manger, nos promenades et nos théâtres,
que leurs cabinets de travail ?

Puis, l'on s'étonnera de voir les portefeuilles ministériels aux mains d'in-
trigants ou d'impuissants !

Eh ! s'il vous plaît, quel homme de bien et de génie, quel Sully, quel
Richelieu, quel Colbert voudrait être aujourd'hui ministre pour passer
toutes ses matinées à écouter des sollicitations ou à donner des signatures ;
toutes ses après-midi à bâiller à la Chambre ou à y servir de plastron aux
ferrailleurs de l'opposition ; toutes ses soirées à faire dîner des ambassa-
deurs, des fonctionnaires, des représentants ; toutes ses nuits à organiser
des contredanses ou à veiller à la parfaite distribution des sorbets et du
punch ?

Comment garder son intelligence dans ce rôle d'automate ? comment
conserver sa virilité dans cet emploi d'eunuque ? comment faire son mé-
tier de ministre au milieu de ces attributions de majordome et de damoi-
seau ? Ne rendez donc le pouvoir désirable qu'aux hommes de capacité et de
dévouement ; il en est encore assez en France, Dieu merci !

Telles sont, à mon avis, les réformes les plus importantes, les plus urgentes à opérer ; telles sont les principales concessions que le principe démocratique et l'esprit dit progressif doivent faire au principe conservateur :
voyons maintenant quelles concessions devront être faites en retour aux
idées et aux besoins *populaires.*

XII

C'est une erreur bien souvent funeste, quelquefois mortelle, que de croire
qu'il est toujours dangereux de faire aux partis et à certaines doctrines des
concessions

Dès lors que ces partis ou ces doctrines restent dans le vrai et ne font
valoir que des prétentions légitimes, ces concessions doivent être consen-
ties non-seulement avec résignation, mais avec empressement et avec ar-
deur ; c'est de la très-bonne politique.

Ce qui est dangereux, ce n'est pas de faire des concessions, c'est de les consentir en temps inopportun.

Or, le moment le plus inopportun, c'est celui de l'insurrection ou de la crise révolutionnaire à son plus haut période. Toutes les fois, en effet, qu'il transige avec l'émeute, le Pouvoir abdique et passe aux mains des émeutiers; l'émeutier étant, de sa nature, peu facile à satisfaire, et voulant invariablement tout ou rien.

Aussi l'autorité ne doit-elle jamais descendre dans la rue pour parlementer, mais seulement pour combattre.

C'est *avant* ou *après* le combat qu'on traite, jamais *pendant*.

Les habiles traitent avant, les faibles pendant, les forts après ; et, ce qui est digne de remarque, c'est que, dans ce dernier cas, les forts se montrent d'autant plus faciles ou généreux que la victoire leur a donné plus de force.

J'aime l'ex-empereur d'Autriche, après avoir dompté, l'année dernière, avec Windisgraetch et Jellachich, la révolte des Viennois, leur octroyant aussitôt une Constitution libérale.

J'aurais aimé Louis XVI enfermant, en 91, dans la Bastille réédifiée, les révolutionnaires extrêmes qui furent depuis les égorgeurs de 93, et accordant le même jour à la nation toutes les réformes justement sollicitées par elle.

Mais je ne puis aimer Charles X, encore moins Louis-Philippe, tremblants devant quelques milliers d'émeutiers, s'efforçant de composer avec eux, renouvelant plusieurs fois des offres chaque fois rejetées ; puis, fuyant et abandonnant à la révolution et aux anarchistes la nation qu'ils avaient mission et devoir de défendre.

Car, je le répète, le premier devoir de l'autorité, c'est de résister ; elle doit céder à la raison, jamais à la force. LE POUVOIR MEURT ET NE SE REND PAS.

Le parti de l'ordre, le parti conservateur, le parti national a constamment vaincu depuis Février. Il est aujourd'hui le maître, il est tout-puissant : c'est donc pour lui le moment d'accorder toutes les concessions raisonnables qu'on lui demande ; et il se fortifiera singulièrement en le faisant : si on le voit donner d'une main, on le laissera prendre de l'autre ; le peuple, le vrai peuple paiera avec joie sa bonne volonté et ses largesses par le sacrifice, nécessaire au maintien de l'ordre, de toutes ses libertés dangereuses ou inutiles.

Je me bornerai à indiquer ces concessions, car il me faudrait, pour traiter à fond des questions semblables, donner à cet écrit des proportions immenses. Je me réserve d'y revenir plus tard. En attendant je m'en rapporte, pour l'appréciation de leur utilité et de leur opportunité, à l'intelligence, à la bonne foi et au bon vouloir du parti auquel je m'adresse. Je le répète : voulez-vous faire accepter votre autorité agrandie, votre surveillance nécessaire, vos mesures préventives, votre répression énergique, et, au besoin inflexible : donnez, donnez en même temps que vous prendrez.

Droit au travail. C'est le droit de vivre ou du moins ne pas mourir de faim en travaillant. Certes ! est-ce se montrer bien exigeant que de réclamer un tel *privilége* ? Quel homme doué d'un peu, de cœur, quel chrétien osera trouver cette prétention exorbitante ?

Et remarquons-le bien : qui revendique ce droit, ce triste avantage, en semblant limiter là son ambition ? le peuple ; c'est-à-dire cette portion de la nation qui a la force en mains, et en quelque sorte la toute-puissance !

L'État, je l'ai dit plus haut, peut toujours donner du travail : routes, canaux, endiguements de rivières et de torrents, constructions, réparations, mise en valeur de terres incultes, défrichements, reboisements, colonisation, confection d'habillements pour l'armée et la garde nationale, ustensiles et approvisionnements de marine et de guerre, etc., etc., que n'a-t-il pas, on peut dire, à faire faire ?

Il importe toutefois que les travaux distribués à titre d'assistance seulement à des ouvriers momentanément inoccupés leur soient payés à un prix moins élevé que les travaux réguliers ou ordinaires entrepris soit par le gouvernement, soit par les particuliers ; les premiers, évidemment, ne devant jamais faire concurrence aux seconds.

Pourquoi ne pas établir dans chaque département un *atelier d'assistance*, et, en même temps, une administration chargée de distribuer les divers travaux ; de diriger les travailleurs sur telle ou telle localité ; de les appliquer, selon leur âge, leur aptitude, leur force ou leurs infirmités, à telle ou telle spécialité ; et enfin de suivre, tant dans le département que dans le reste de la France, afin d'agir en conséquence, les nombreuses phases du travail national ?

L'aumône en travail est de tout point préférable à l'aumône en argent ; et il faut faire, sous ce rapport, tout ce qu'il est possible de faire. Ne considérons le *droit au travail* que par ses côtés applicables ou légitimes, et nous n'en serons point effrayés.

Associations. L'association, qu'il faut bien se garder de confondre avec le socialisme, peut incontestablement, et doit même, bien ordonnée, enfanter d'excellents résultats, tant sous le rapport de l'accroissement des produits que sous celui de la moralisation des ouvriers, et de l'union, de la *liaison* des diverses classes entre elles.

Là donc où elles n'offrent aucun danger, et présentent au contraire de suffisantes garanties de probité, de bonne administration et de fécondité, il faut encourager ces associations sans se préoccuper des différences de bénéfices pouvant en résulter pour quelques maîtres ou patrons, qui trouveront toujours ailleurs un emploi productif de leurs capitaux.

Il ne s'agit nullement de substituer l'État aux entrepreneurs, comme M. Louis Blanc en avait eu la monstrueuse idée. Il ne s'agit pas davantage de *subventionner éternellement* les associations ouvrières, subvention peu dangereuse, du reste, si l'État devait toujours rentrer dans ses avances. Il ne s'agit que d'une satisfaction à donner à l'opinion ou au préjugé populaire, peu importe, en retour de ce qu'on a à lui demander ; il ne s'agit que d'une expérience à tenter ; et, cette expérience, tant mieux si elle réussit, et tant mieux aussi si elle ne réussit pas; car dans le premier cas on sera reconnaissant, et dans le second on sera désabusé.

Dans une multitude de circonstances ou d'opérations, il est possible aussi d'associer l'ouvrier, et même l'employé, au patron, en le faisant participer à ses bénéfices; comme à ses pertes, du reste, c'est de toute justice ; mais à celles-ci, seulement en moins prenant sur les bénéfices à venir ou en supportant une réduction dans les bénéfices passés, bénéfices dont moitié au moins devrait être réservée chaque année, soit pour cette éventualité, soit comme pécule ou fonds de retraite à mettre à la disposition de l'ouvrier au moment où il quitterait l'atelier [1].

---

[1] Il est sans doute juste que l'entrepreneur gagne, et gagne même beaucoup si cela se peut, car il risque tout son avoir, son honneur même, et l'avenir de sa famille; tandis que l'ouvrier, lui, n'expose absolument rien, et n'en touche pas moins régulièrement chaque jour son salaire, que son maître vende ou ne vende pas, réussisse ou fasse faillite. Cependant il est en moi quelque chose qui se révolte à l'aspect du contraste, si fréquent en beaucoup d'industries, que me présentent d'un côté un ouvrier ou une ouvrière gagnant de quoi vivre à moitié seulement, et de l'autre un entrepreneur, ouvrier lui-même ou bourgeois, cela ne fait absolument rien à l'affaire, réalisant, à l'aide de ce travail à peine rétribué, des bénéfices énormes; celui-ci s'enrichissant au

Impôts de luxe ou somptuaires, impôts sur la rente, sur les actions industrielles, sur les professions libérales, sur les offices ministériels, etc.

Ne devraient-ils produire que quelques millions, devraient-ils même ne rien produire, ces impôts n'en doivent pas moins être établis. La raison, le sens moral, l'instinct populaire, la justice même, quoi qu'on dise des rentes sur l'État, rentes qu'on a achetées en acceptant toutes les chances aléatoires des révolutions, le demandent et l'exigent. C'est encore là une de ces satisfactions qu'il y a inconvénient sans doute à accorder, mais qu'il y a danger de mort à refuser.

On prétend que le luxe, qui fait vivre tant de carrossiers, de tapissiers, de décorateurs, de parfumeurs, de laquais galonnés, etc., etc., disparaîtra avec l'impôt qui l'atteindra.

Le luxe ne disparaîtra pas plus de la société que l'orgueil du cœur de l'homme ; sa disparition sera, en tout cas, de bien courte durée.

On dit que l'État, s'il impose les rentes, ne trouvera plus à emprunter.

Je réponds qu'un gouvernement habile, tant soit peu habile, ne fait pas d'emprunts. Il sait régler ses dépenses sur ses recettes. Quant au cas de guerre, la rente étant alors au-dessous du pair, l'État a avantage, ainsi que le pays par conséquent, à préférer une émission de billets à un emprunt ruineux et de dupe avec intérêts usuraires et primes énormes au profit des juifs ou usuriers, ses prêteurs ordinaires.

Gratuité, pour les classes laborieuses, de l'*éducation* proprement dite et de l'*instruction purement agricole ou industrielle ;* l'instruction littéraire, même primaire, ne devant jamais être gratuite.

Caisses de retraite et de secours, mais mutuelles seulement, il n'en est pas d'autres possibles. — *Cités ouvrières*. — *Banques populaires*, comme celles existant et réussissant merveilleusement en Ecosse, en Allemagne, etc., spécialement destinées à l'industrie agricole. — *Entrepôts de denrées alimentaires* vendues aux pauvres avec réduction de moitié au moins sur les droits d'octroi, et avec les avantages de la vente en gros.

bout de quelques années et finissant ses jours dans l'opulence ; celui-là continuant jusqu'à l'extrême vieillesse son labeur ingrat, puis allant tristement finir à l'hôpital. Dans la *partie* des dentelles et broderies, l'ouvrier ne gagne que 60 à 70 centimes par jour, et le *fabricant* réalise quatre cent pour cent. Il en est à peu près de même dans la lingerie, dans les modes, la quincaillerie, la fabrication de la plupart des étoffes, le coloris, la parfumerie, etc. MM. Thiers et Barrot, etc., diront-ils encore qu'il n'y a là absolument rien à faire ? Je suis beaucoup plus réactionnaire que ces messieurs, et je pense tout autrement, quant à moi.

Salaires. Il est de toute justice et de toute nécessité qu'entre les ouvriers qui demandent une augmentation de salaire et les maîtres qui la refusent se trouve quelqu'un qui prononce : il faut instituer ce tribunal.

Pourquoi, d'ailleurs, toutes les fois que cela est possible, ne pas décréter que le travail se fera à la tâche et non à la journée ? L'ouvrier laborieux trouvera toujours, sans perte aucune pour le patron, bénéfice d'argent ou de tems.

Moniteur universel du peuple. J'aimerais assez la publication d'un journal hebdomadaire adressé gratuitement, et à **tour** de rôle, aux chefs de famille des classes laborieuses, soit dans les villes, soit dans les campagnes.

Qu'on ne sourie point de dédain à cette idée. Son application coûterait sans doute assez cher au trésor; mais que ne rapporterait-elle pas aux gouvernements, à la société, et au peuple lui-même , à qui on ne peut rien donner de mieux que l'ordre et la vérité ?

Gratuité de la justice : Elle n'existe certainement pas.

Taxe du travail. On a beaucoup crié et avec raison, quoiqu'elle ait certainement préservé l'Angleterre de plusieurs révolutions, contre la *taxe des pauvres*, qui n'est guère que la taxe des fainéants. Mais ce serait, je crois, une innovation utile que l'introduction dans notre régime financier d'une *taxe du travail*, taxe productive, remboursable par conséquent ou du moins récupérable, et spécialement destinée aux travaux à prix réduits dont j'ai déjà parlé. Je voudrais surtout que cette taxe pût favoriser une émigration annuelle de nos travailleurs, allant fonder au loin des établissements coloniaux qui rembourseraient tôt ou tard, et au delà, à la métropole ses intelligentes avances.

Les Gaulois nos pères, quand la patrie ne pouvait plus les nourrir, faisaient irruption chez les nations voisines pour les conquérir par les armes. Imitons nos aïeux, en faisant mieux qu'eux toutefois : marchons à la conquête, non des nations civilisées et des terres fertiles, mais des peuples barbares et des contrées incultes, pour leur donner la civilisation et la fécondité.

Chaque année deux cent cinquante mille individus partent des ports de l'Angleterre pour aller chercher fortune en Australie, au Canada, aux Etats-Unis, aux Indes. L'Angleterre s'en trouve-t-elle mal ?

Je verrais dans ces colonisations, qui réussissent quand elles ne sont pas, comme celle tentée récemment en Algérie, aussi niaisement conçues qu'inhabilement dirigées, un autre avantage bon à signaler.

Il est en France aujourd'hui une classe d'hommes dont on ne s'inquiète aucunement, bien qu'elle soit certainement la plus intéressante de toutes. Je veux parler de ces milliers de jeunes gens que notre détestable système d'éducation a pour ainsi dire retirés du peuple pour les jeter dans la bourgeoisie, les privant du pain qu'auraient gagné leurs bras, pour promettre à leur intelligence la conquête de positions chimériques où si peu nécessairement finissent par arriver. Ces jeunes gens ont été évidemment trompés par l'Etat, qui leur doit conséquemment une réparation et, en quelque sorte, des dommages et intérêts. Il est fortement intéressé lui-même à s'acquitter envers eux. Ils ne sont que trop disposés en effet à se montrer créanciers impitoyables en se mettant, ou plutôt en restant — ils y sont hélas! déjà — à la tête des révolutionnaires et des émeutiers. Il y a de l'énergie et même de la capacité chez la plupart de ces hommes : presque tous donc seraient en état de servir comme officiers dans ces armées de conquérants-colonisateurs.

Il faut, à tout prix, imposer silence aux déclamations, dissiper les défiances populaires, ôter tout prétexte *légitime* à l'insurrection : il faut, par conséquent, donner de son bon vouloir des preuves convaincantes, excessives même au besoin ; il faut faire en un mot dans l'intérêt du peuple tout ce qu'il est humainement et politiquement possible de faire.

Pourquoi donc ne pas voter chaque année — car presque toutes les améliorations se résolvent en des votes d'argent — une somme considérable, dix, quinze, vingt millions par exemple, uniquement destinée aux classes laborieuses, et dont plusieurs délégués, nommés directement par elles, par elles seules, régleraient l'emploi, soit en secours, soit en travaux, soit en essais, etc., etc.

On va me dire sans doute : Mais où prendre l'argent ?

Eh, mon Dieu ! rétablissez les impôts qu'on a récemment abolis sous prétexte qu'ils atteignaient surtout les classes inférieures. Car si vous donnez à la partie malheureuse du peuple cinquante millions par exemple, qu'importe que l'autre portion de ce peuple, celle dont les travaux ou les affaires sont dans une situation prospère, paie, avec le concours des hautes classes, comme par le passé, cent et deux cents millions ! L'impôt n'est lourd que lorsque le revenu est léger, ou le prix du travail insuffisant. Les charges de l'Etat sont énormes. Il est démontré que tout le revenu de ceux qu'on appelle les riches ne pourrait y suffire. Puisque donc l'État se trouve dans la dure nécessité de comprendre dans l'impôt les classes ouvrières, quoi de mieux que de continuer à demander à la partie du peuple qui gagne pour pouvoir ne plus demander, pour pouvoir donner, ou plutôt prêter à très-bons intérêts, à celle qui ne gagne pas ?

On cherche partout la solution du multiple problème embrassant la plupart des réformes sollicitées dans l'intérêt du peuple : caisses de retraite, subventions en cas de chômage, assistance, distribution de travaux aux ouvriers inoccupés, etc., etc. Cette solution tant cherchée, on peut la trouver dans la mesure si simple que je viens d'indiquer, car l'impôt n'est au fond qu'une assurance mutuelle. Il ne s'agit que d'ajouter quelques nouveaux risques à ceux qu'il couvre déjà. La prime à payer sera plus considérable, je le sais ; mais le nombre des fléaux, dont il importe de se préserver, s'est beaucoup accru aussi, et il faut y prendre garde.

Et maintenant, quelque bon vouloir que j'y mette, je cherche en vain ce qui pourrait être fait encore en faveur des classes populaires. Il est vrai que c'est de l'intérêt du peuple seulement que je me préoccupe, et nullement de celui des exploiteurs qui se sont constitués ses défenseurs dans l'espérance de devenir ses maîtres. Les prétentions de ceux-ci, en effet, vont bien au delà de ces concessions ; mais derrière toutes ces demandes, ce n'est pas un intérêt public que j'aperçois, c'est un intérêt personnel : à cet intérêt ni l'Etat ni le peuple ne doivent rien.

On objectera peut-être que plusieurs des mesures populaires dont je conseille la prompte adoption figurent sur le programme du socialisme, Qu'importe, si elles sont bonnes ! Ce programme est tellement étendu, grâce à la précaution habile qu'ont eue ses auteurs d'y faire entrer toutes les améliorations désirables, qu'il est impossible de n'y pas rencontrer des indications justes et utiles. Il y a, quoiqu'en petite quantité, de l'or dans ce sable, ou, si l'on aime mieux, dans cette fange ; et, pour avoir le droit de jeter au loin cette vase, il faut en avoir préalablement extrait toutes les parcelles précieuses.

J'entends les républicains de la veille, —car, je le répète, ces concessions, toutes compatibles avec le maintien de l'ordre, ne peuvent les satisfaire ; et les réformes répressives que j'ai conseillées plus haut doivent les contenter beaucoup moins encore,—j'entends, dis-je, les républicains de la veille, s'écrier :

« Nous avons fait une révolution ; c'est à nous de la diriger et de l'asseoir ; c'est à nous surtout d'en recueillir les fruits : nous ne souffrirons pas qu'elle soit détournée de son but, qu'elle ne profite point à ses auteurs. »

Je réponds aux républicains de la veille :

« Cette révolution, aviez-vous le droit de la faire ? Cette république si audacieusement proclamée par vous, aviez-vous reçu du pays mission de l'instituer ?

« Non, assurément ; non, évidemment non.

« Ne venez donc pas demander votre récompense : si la nation vous doit quelque chose, c'est un châtiment. »

Ces réformes d'une part, ces concessions de l'autre, tels sont les deux arcs-boutants qui devront soutenir la voûte du nouvel édifice, dont on ne saurait trop hâter l'entière construction.

Mais, pour accomplir cette œuvre multiple et difficile, il faut absolument le concours ou la réunion de trois conditions : une énergie inflexible, une union franche et réelle, un renoncement absolu et généreux à toute arrière-pensée, c'est-à-dire l'oubli et le sacrifice complets, pendant un temps indéterminé, de toutes préventions comme de toutes affections de parti ; le salut, je ne dirai pas de la République, mais de la société et de la civilisation est à ce prix : il importe que nous en soyons bien convaincus.

XIII

Car ne nous faisons pas illusion sur l'avenir dont nous sommes menacés. L'atmosphère politique est plus que jamais chargée d'électricité. La révolution de 1848 n'a été que le premier coup de tonnerre de l'orage amoncelé depuis longtemps sur la société, et qui fondra sur elle, pour l'emporter ou la dissoudre, précisément à l'heure où une lueur de soleil lui fera croire, comme aujourd'hui, à la cessation de la tempête.

Le communisme a été vaincu en Juin, mais il n'a pas été détruit. Chassé de la rue et de ses repaires, il s'est réfugié, pour ainsi dire, en pleine campagne et en quelque sorte partout ; on l'a refoulé, mais il s'est répandu comme une inondation sur toute la surface du territoire, se propageant et se développant en raison directe, comme il arrive toujours, de son absurdité et de son impossibilité.

Qu'est-ce donc, dès-lors, que cette prétendue victoire remportée en Juin ? Il y a eu lutte, c'est vrai, il y a eu combat ; mais contre des adversaires de cette nature, contre ces irruptions de Barbares, il n'y a victoire qu'alors que l'ennemi tombe et reste tout entier comme un seul cadavre sur le champ de bataille.

Non, quoi que vous espériez du bon sens des masses et de l'absurdité des promesses faites à la foule, quoi que vous disiez du découragement du socialisme par suite de cette défaite, je vois, moi, chaque jour, s'accroître et se fortifier la vogue inexplicable de ce charlatan éhonté ; j'entends chaque nuit le travail souterrain, malheureusement trop fécond, de ce faux monnayeur ; j'aperçois déjà la flamme et la lave de ce volcan terrible, impuissant à contenir plus longtemps dans son cratère les passions en ébullition de plusieurs millions d'hommes pressés de jouir ou de posséder à leur tour, et appelant à grands cris le moment et le signal de leur éruption sur la terre promise.

Pourquoi cependant, chez tant d'esprits, cette quiétude et cette confiance ?

Hélas ! il est un mal, mal terrible, car il est presque toujours mortel, qu'enfantent invariablement les civilisations avancées.

Je veux parler de l'indifférence.

Non pas, seulement, de l'indifférence en matière politique ou de nationalité, mais de l'indifférence en toutes choses.

C'est cette Insouciance générale, dernier symptôme des nations moribondes, qui a tué la Grèce, qui a tué Rome, qui tuera sans doute la France. Elle naît de la corruption des mœurs, de la disparition des croyances, de l'extinction des sentiments nobles et généreux ; et elle produit l'apathie, l'impuissance, l'inaction, la paralysie, la mort. Atteintes de ce mal, les nations prennent, pour ainsi dire, leur parti des désastres qu'elles entrevoient ; elles ne veulent plus vivre qu'au jour le jour ; elles cherchent à s'étourdir dans de derniers plaisirs, dans de derniers festins, pour mourir comme Sardanapale ; elles se refusent obstinément à tout effort pour repousser la pierre qui se penche déjà sur leur tombeau.

Or, ce mal, cette insouciance s'est emparée de ce pays-ci ; de là sa présomption, sa quiétude. Qu'on ne se rassure donc pas, qu'on s'alarme bien plutôt en voyant la confiance renaître : cette confiance, c'est notre insouciance, notre apathie, notre lâche résignation qui la produit.

Ah ! décidons-nous donc enfin à regarder et à descendre jusqu'au fond de l'abîme, à en voir et à en mesurer toute la profondeur. Peut-être acquerrons-nous ainsi la volonté et la force de recueillir et d'apporter sur ses bords les seuls matériaux qui peuvent nous servir à le combler. Ce ne sont pas les remèdes qui nous manquent, c'est le courage de les appliquer. Nous nous exagérons les devoirs de prétendue humanité, les ménagements, les nécessités de conciliation que la civilisation nous impose ; et ces devoirs, je le dirai n'ayant à flatter personne, c'est par peur surtout que nous nous y soumettons : car nous sommes de tous les peuples du monde le plus brave à la fois et le plus lâche ; le plus brave devant nos ennemis, quel que soit leur nombre ; le plus lâche devant l'erreur, devant la sottise, devant la jactance, quelles que soient leur absurdité et leur faiblesse.

N'entendons-nous pas répéter sans cesse que si le mal l'emporte constamment sur le bien, c'est qu'il montre plus d'énergie; que si les minorités renversent presque toujours les majorités, c'est qu'elles montrent plus de violence?

Pourquoi donc le bien ne serait-il pas énergique à son tour? Pourquoi les majorités, au besoin, ne seraient-elles pas violentes aussi?

Dès qu'une réforme est reconnue nécessaire, indispensable au salut de la patrie, qu'importent les intérêts privés qu'elle froisse ou qu'elle blesse?

Que m'importent ces brins d'herbe et ces insectes qu'étouffe sous ses masses improvisées la digue nécessitée par la crue subite du fleuve ou du torrent?

Est-il donc si difficile d'ailleurs de définir le bien et le mal?

Car, en politique, comme en morale, tout est là.

Cette définition une fois établie, et, surtout, une fois acceptée par la nation, on marche résolument au bien, on marche plus résolument encore sur le mal, et tout est dit, tout est résolu; il n'y a plus ni problème, ni impasse, ni torrents, ni montagnes, ni abîmes.

Mais nous n'aurons jamais cette volonté et cette énergie; et c'est ce qui me fait désespérer de la France et de la société : nous préférerons encore, comme l'a fait la monarchie déchue, nous asseoir entre ces deux extrêmes et nous y faire une place impossible; la tempête viendra pendant que nous serons encore occupés à chercher ce point introuvable.

L'ennemi cependant en agit franchement avec nous. C'est tout haut qu'il nous jette son défi. C'est bien un duel à mort qu'il nous a déclaré; c'est bien d'une jacquerie qu'il nous menace.

Croyons-nous donc qu'il sera bien digne à nous, nombreux et armés comme nous le sommes, d'attendre sur nos chaises curules l'arrivée des Gaulois?

Le peuple, le vrai peuple, nous demande des améliorations raisonnables, possibles ; nous devons les lui concéder avec empressement. Mais ses agitateurs, ses exploiteurs, ses transfuges (car ils ne lui appartiennent plus, il les repousse, ces évadés de prison et de bagne, qui se parent insolemment de son beau nom), exigent, eux, l'impossible, c'est-à-dire la destruction de la propriété, de la famille, de tout ce qui constitue la société. Évidemment, nous n'avons pas à traiter avec ces Barbares; nous n'avons qu'à les combattre : paix donc, paix honorable et généreuse à qui la demande; mais guerre, guerre à outrance à qui la veut.

Notre énergie toutefois ne suffirait pas à nous sauver, et l'union des di-

verses fractions composant le parti conservateur est également indispensable, non-seulement au succès de la campagne à ouvrir contre le communisme, mais aussi, et surtout peut-être, à la réalisation des réformes et des
améliorations légitimement réclamées par le principe démocratique et l'intérêt populaire. Je fais donc des vœux pour le maintien de cette union;
mais ce n'est point dans les conditions où elle s'est formée que je la voudrais. Telle qu'elle existe en effet aujourd'hui, telle du moins qu'elle
est sortie de la rue de Poitiers, elle est impuissante, mensongère; et le public lui-même, qui connaît l'arrière-pensée de chacune de ces fractions, et
leur voit, non un étendard unique ou commun, mais trois drapeaux bien
distincts, et, qui plus est, tout grand déployés, ne veut croire ni à sa bonne
foi, ni à sa durée, ni à l'unité de ses vues ou de ses desseins, et refuse par
conséquent de se rallier à elle.

Il importe donc vivement, je le crois, de modifier cet état de choses.

Pourquoi s'obstiner à vouloir d'une union, d'une fusion impossible?

Ce qu'il faut, pour rentrer dans toutes les conditions désirables de vérité,
de franchise, de force, ce n'est pas une union, c'est une alliance.

Car entre partis différents, comme entre nations diverses, il ne peut se
faire que des alliances, il ne peut s'opérer d'union ou de fusion.

Il y a entre ces deux mots tout un abîme, tout un monde : une séparation
comme les Alpes, les Pyrénées, le Rhin, la Manche.

Ainsi donc, que les trois partis conservateurs s'allient entre eux contre
l'ennemi commun, comme le feraient, je suppose, la France, l'Angleterre,
l'Espagne, contre une invasion du Nord; que chacun de ces partis garde,
mais garde chez soi, si cela peut se dire, son drapeau, ses croyances, ses
affections, sa *nationalité*, car il y aurait lâcheté à les répudier; qu'il réserve ainsi toute son indépendance et sa séparation éventuelle pour des
cas imprévus et qu'il ne doit même pas prévoir; mais que tous marchent au
combat ou se mettent à l'œuvre avec un drapeau commun, avec les mêmes
armes, le même plan, au besoin le même chef; et surtout que sur ce drapeau d'alliance soit inscrit le traité, le programme qui doit, bien mieux
que l'étendard lui-même, servir de ralliement et de guide unique au parti
réuni et au pays; ce programme montre clairement un but, et ce but, on
peut y tendre; ce traité d'alliance renferme des articles précis, rigoureux,
et ces articles, chacun des trois partis s'y trouve enchaîné, et est obligé,
quoi qu'il arrive, d'en exécuter la teneur.

J'entends des milliers de voix me crier : « Et après la victoire? »

La victoire!... Etes-vous donc certains de la remporter?

Il s'agit bien vraiment de dépouilles ou de butin! Il s'agit bien de tel ou
tel trône à relever plus ou moins haut, avec une base plus ou moins large!

Il s'agit de combattre, de lutter sans fin et sans cesse pendant des mois et même des années; il s'agit de débarrasser et de raffermir le sol qui tremble et fuit sous nos pieds, ne le sentons-nous pas? il s'agit de rétablir la société sur ses bases ébranlées et en quelque sorte perdues; il s'agit de rattacher à la terre ferme et à la civilisation notre malheureuse patrie, emportée par je ne sais quel courant vers l'océan de la barbarie et du néant.

On dira peut-être, il est vrai, que de cette triple alliance et de son concours loyal à la restauration et à la consolidation de l'édifice social pourra résulter, en même temps que la consolidation de cet édifice, l'affermissement, la fondation définitive du régime actuel; en sorte que le parti conservateur se trouvera avoir fondé la république sans le savoir ni le vouloir.

Eh bien! ce résultat est-il à craindre ou à désirer? Une république fondée par de telles mains, et constituée de la sorte, serait-elle donc une mauvaise république? Si la France est destinée à garder cette forme de gouvernement, ne vaut-il pas mieux que cette forme sorte d'un moule régulier, offrant toutes les garanties désirables, que d'un moule tronqué, anguleux, bosselé, de tous points défectueux?

Quant au découragement qui pourrait, par suite de cette considération, s'emparer du parti conservateur, et paralyser ses bonnes intentions ou l'arrêter dans son œuvre, je ne ferai pas à ce parti l'injustice de supposer qu'il soit de mauvaise foi dans l'exploration difficile, à laquelle il se livre en ce moment, d'une république viable ou possible; je sais, en effet, que l'immense majorité de ce parti est entièrement résolue, tout en conservant son culte ou ses affections, à essayer, sur le terrain neutre qui lui est offert, l'érection d'un monument durable et spacieux où la société et le pays puissent enfin s'abriter; je ne doute pas, en outre, que les trois personnalités — je puis même l'affirmer pour l'une d'elles, celle dont je me préoccupe le plus —, je ne doute pas, dis-je, que les trois personnalités en lesquelles se résument les trois fractions de ce parti ne fassent des vœux, et des vœux sincères — il est encore, Dieu merci! des âmes désintéressées et capables de dévouement — pour que leur pays, dont elles voient aussi bien que nous les immenses périls, puisse rentrer dans son repos et son bien-être sans avoir à traverser les nouvelles tempêtes ou à subir les nouveaux désastres qui pourraient le décider à tendre vers l'une d'elles ses bras mutilés.

Il y a donc à faire une triple déclaration de désistement ou d'ajournement: qu'on la fasse. La France ne sera rassurée qu'en la voyant, et c'est le parti actuellement au pouvoir qui doit la signer le premier. Ah! sans doute il en

coûte de restreindre ainsi son horizon, d'ajourner indéfiniment ses espérances, de contribuer à l'affermissement d'un terrain où l'on n'occupera
peut-être que la seconde ou la troisième place. Mais ce terrain, rappelons-
nous-le sans cesse, et notre dévouement n'hésitera jamais, ce terrain, c'est
la France, c'est la propriété, c'est la famille, c'est la religion, c'est la société, c'est la civilisation; et ne sont-ce pas ceux-là mêmes d'ailleurs qui
sont le plus pressés de s'y rasseoir, qui doivent l'être le plus aussi de le
consolider?

Ne l'oublions pas en outre. L'épreuve républicaine doit être complète
pour qu'il n'y ait plus à y revenir et que l'ère des révolutions puisse enfin
se fermer. Cette épreuve, mieux vaut donc évidemment, et dans l'intérêt
de la République elle-même, et dans celui de la société, qu'elle soit faite
par des hommes d'ordre, modérés, honnêtes, que par des brouillons et
des incapables. Si elle ne réussit pas, même dans ces conditions, les
plus favorables cependant à sa réussite, cette alliance du parti conservateur, loyalement contractée, franchement exécutée, aura laissé au pays son
libre arbitre en conservant sa paix et son indépendance : le moment sera
donc venu alors d'en appeler à la nation, de se poser devant elle, de provo-
quer son jugement et son choix; et ce choix, n'en doutons pas, espérons-le,
croyons-le de la reconnaissance et de la justice de la France, c'est sur celle
des trois fractions ou des trois personnalités de ce parti qui se sera mon-
trée la plus désintéressée et la plus loyale qu'il se fixera.

Il n'est que ce mode de dénouer pacifiquement le nœud politique et social qui nous étreint et nous meurtrit, et menace de nous étouffer. Nous ne
pouvons nous sauver que par des sacrifices.

Ainsi, on le voit, les trois partis conservateurs ont de nombreuses concessions à faire. Ils doivent en consentir, en effet, non-seulement au profit
du principe démocratique en retour des réformes qu'ils ont à lui demander,
mais encore au profit de chacun d'eux, et ce sont celles-là précisément
qu'il leur en coûtera le plus d'accorder.

Avais-je tort de redouter l'insuffisance de notre courage et de notre énergie? Avais-je tort de considérer comme si difficile en ce pays l'érection du
double et vaste monument, véritable travail de Romains, qui ne pourra
s'exécuter qu'avec ces masses énormes, cette force surhumaine et ce ci-
ment à toute épreuve qu'employaient les Romains?

Oui, c'est bien plus encore aux sacrifices qu'à la lutte que nous regar-
derons. Nous nous résignerons peut-être au combat, vivement sollicités

par l'ennemi; mais cette sorte de suicide, quoique partiel et momentané, nous fera sans doute reculer. Hélas! cependant, sommes-nous en position, pressés par la tempête comme nous le sommes, de marchander avec la mer et avec les abîmes affamés au-dessus desquels tournoie déjà notre vaisseau? Ces sacrifices nous allégeront, remarquons-le donc; ce suicide assurera notre résurrection : car, comme le Phénix, nous ne pouvons renaître que de nos cendres. Courage donc! courage pour lutter, courage pour céder, courage pour oublier.... pendant quelque temps encore du moins.

XIV

Je me hâte de conclure.

J'ai ce travers d'esprit et de cœur, je l'avoue, j'aime mon pays, et je l'aime ardemment. Vous avez beau me crier de tous les sommets de la philosophie et du socialisme : « L'homme d'intelligence supérieure, l'homme d'élite est Européen; il ne connaît ni barrières, ni limites; sa patrie, c'est le monde; » ma patrie, à moi, esprit rétréci et humble, c'est le pays où je suis né, c'est la nation qui me reconnaît et me protége; et cette nation, je l'aime, et je l'aime avec passion, je le répète; je suis heureux et fier de lui appartenir : car elle a rempli l'univers de ses bienfaits et de sa gloire; elle a deux fois possédé l'Europe, à la veille un moment de s'appeler de son beau nom; elle la possède encore aujourd'hui par l'intelligence, par la civilisation, comme la tête possède le corps, comme la lumière du soleil possède la terre; je l'aime, dis-je, car elle est toujours, quoi qu'aient fait, à plusieurs reprises, pour l'avilir et la perdre, quelques sauvages stupides, la plus grande, la plus noble, la plus belle, la plus généreuse nation du monde.

Et des diverses classes composant cette nation, dirai-je celle qui m'inspire le plus de sympathie?

Certes, je n'ai aucune honte à le déclarer, cette classe, c'est le peuple.

Car j'ai le malheur — c'en est un grand — d'être de ces hommes que l'infortune attire; que le spectacle des longues et continuelles souffrances émeut; que le courage et la résignation à les supporter, quoiqu'elles durent toute la vie; que l'honnêteté et le désintéressement au milieu de la misère; la résistance victorieuse aux tentations de la pauvreté et de la faim; la charité au sein de l'indigence qui ne la rend que plus vive et plus ingénieuse ; et surtout ce contentement de si peu, il faut bien le dire, cette ambition qui limite tous ses désirs et trouve toute sa satisfaction à ne jamais manquer de travail, quand nous nous estimerions si à plaindre, nous, d'être contraints à travailler ; je suis de ces hommes, dis-je, que ce spectacle touche et impressionne profondément : il me remue jusqu'au fond des entrailles, il m'arrache souvent des larmes, il excite au plus haut degré mon admiration, mon étonnement, mon enthousiasme ; voilà pourquoi j'aime le peuple, le vrai peuple, le peuple laborieux, honnête, bon, religieux, ce peuple que l'écume montée à sa surface ne m'empêche pas de voir et d'apprécier dans toute sa vérité, dans toute sa beauté, dans toute sa valeur.

Et c'est parce que j'aime ardemment mon pays, et que je voudrais le voir sortir sain et sauf de la crise terrible au milieu de laquelle il se débat ; c'est parce que j'aime véritablement ce peuple et voudrais lui voir jouer enfin un autre rôle que celui de machine de guerre entre les mains de ceux qui l'exploitent, que, sans m'inquiéter de l'approbation ou de l'improbation qui peuvent m'en revenir, et me préoccupant seulement des dangers et des nécessités d'une situation extrême, je n'hésite pas à dire à mon pays et à ce peuple :

« Hors de la réaction point de salut. »

Réaction réformiste ou *progressiste*, je m'empresse de l'ajouter ; réaction énergique, vigoureuse, persistante ; mais juste, généreuse, chrétienne, les mains toujours pleines de bienfaits et de largesses.

Car, nous l'avons vu, la société a beaucoup à reprendre ; mais elle a beaucoup aussi à donner. On l'a dépouillée d'une partie de son avoir, elle doit à tout prix y rentrer ; mais pour l'employer aussitôt au profit de ceux de ses membres dont les besoins ne sont que trop réels, dont les droits ne peuvent être plus longtemps niés.

Réaction donc au profit des éléments d'ordre et de conservation ; mais réaction aussi au profit des intérêts populaires ; ceux-ci sont la base de la société, comme ceux-là en sont le sommet ; et ce sont surtout ces deux extrémités, sans cesse et systématiquement délaissées et amoindries depuis cinquante ans, qu'il faut restaurer et élargir.

Et maintenant je ne sais si le monument, élevé dans les conditions que j'ai indiquées, pourra s'appeler la république. Je sais seulement qu'il pourra continuer à s'appeler la société ; c'est le plus important.

Quant à la République, en vain chercherait-elle d'autres bases, d'autres assises que celles de la société elle-même. Je dis plus : ce n'est qu'en relevant et consolidant celle-ci de ses propres mains, qu'elle pourra s'asseoir sur son faîte ou la couronner. Elle est tenue de mériter sa conquête ; et elle ne la gardera, en outre, qu'en se transformant.

En résumé et en quelques mots, car j'aime à condenser en quelques lignes tout ce que j'écris :

IL N'EST DE POSSIBLE EN FRANCE QU'UNE RÉPUBLIQUE MONARCHIQUE GOUVERNÉE ARISTOCRATIQUEMENT EN VUE DES INTÉRÊTS DÉMOCRATIQUES.

Ces mots, malgré leur contradiction apparente, seront facilement compris par quiconque aura lu attentivement ce livre.

Si la république se refuse à les comprendre, tant pis pour la république.